Francis A. Schaeffer

Gott ist keine Illusion

Ausrichtung der historischen christlichen Botschaft
an das zwanzigste Jahrhundert

HAUS DER BIBEL GENF, ZÜRICH, BASEL
R. BROCKHAUS VERLAG WUPPERTAL

Originaltitel: The God Who is There
erschienen bei Hodder und Stoughton
1. Auflage 1968
7. Auflage 1970

Aus dem Englischen übersetzt von Winfried Bluth
Bearbeitung: Gottfried Wüthrich

1. Auflage 1971
2. Auflage 1972

Umschlaggestaltung: Harald Wever, Wuppertal
Umschlagillustration: »Die Hand Gottes« von Auguste Rodin
Druck: Breklumer Druckerei Manfred Siegel
ISBN 3-417-00365-2

Der Gefährtin die mich
Hand in Hand durch allzu
kurze fünfunddreißig
Jahre begleitet hat –

INHALT

ERSTER TEIL

Das intellektuelle und kulturelle Klima in der zweiten Hälfte des Zwanzigsten Jahrhunderts

1. Kapitel

Die Kluft ist befestigt

Vor dem Bruch

Die heute zwischen den Generationen aufgebrochene Kluft ist zum größten Teil durch einen Wandel im Wahrheitsverständnis entstanden.

Wo immer wir hinschauen, herrscht dieses neue Verständnis vor. Es umgibt uns als ein nahezu fugenloser Meinungsblock auf allen Gebieten, sei es in den Künsten, in der Literatur oder auch nur beim Lesen von Zeitungen und Wochenschriften, wie *Spiegel, Weltwoche, Welt am Sonntag, Sunday Times, L'Express de Paris, Elsevier's Weekblad* und anderen mehr. Von allen Seiten her spüren wir den Würgegriff einer neuen Methodologie – und mit Methodologie meinen wir die Art und Weise, wie wir an Wahrheitserkenntnis und Wissen herangehen. Es ist erstikkend wie der dichteste Londoner Nebel! Und sowenig sich der Nebel durch Wände und Türen abhalten läßt, so wenig können wir uns der vorherrschenden Meinung entziehen. Das geht so weit, daß wir in unseren eigenen vier Wänden nicht mehr klar sehen und uns doch nicht erklären können, was eigentlich geschehen ist.

Die Tragik unserer heutigen Situation liegt darin, daß die neue Einstellung zur Wahrheit Männer und Frauen in ihren Lebensgrundlagen erschüttert hat, ohne daß sie sich jemals Rechenschaft über den neuen Kurs gegeben haben. Die jungen Menschen werden zunächst im Rahmen des alten Wahrheitsverständnisses erzogen. Dann geraten sie unter den Einfluß der modernen Auffassung. Mit der Zeit werden sie unsicher, weil sie die ihnen vorgelegte Alternative nicht durchschauen. Diese Unsicherheit führt zu Verwirrung und bald zu einem inneren Zerbruch – unglücklicherweise nicht nur bei jungen Menschen, sondern auch bei vielen Pfarrern, Lehrern, Evangelisten und Missionaren.

So ist, wie ich meine, die veränderte Auffassung über den Weg, der zu Erkenntnis und Wahrheit führt, das entscheidende Problem, das sich der Christenheit heute stellt.

Wer vor 1890 in Europa oder vor 1935 in den Vereinigten Staaten lebte, brauchte sich praktisch keine Gedanken über Denkvoraussetzungen zu machen. (Diese Daten mögen etwas willkürlich sein, denn der Wandel erfolgte, zumindest in Europa, schrittweise. In Amerika war die entscheidende Zeit der Wandlung zwischen 1913 und 1940, und in dieser verhältnismäßig kurzen Zeit wurde das gesamte Denken einer Revolution unterworfen – wobei das Jahr 1913 für die Vereinigten Staaten eine besondere Bedeutung hatte, über die wir noch sprechen werden.)

Vor diesem Umbruch hielten sich alle Menschen an annähernd gleiche Denkvoraussetzungen, welche zumindest dem Anschein nach mit den Denkvoraussetzungen der Christen übereinstimmten. Das traf sowohl für die Erkenntnistheorie als auch für die Methodologie zu. Nun könnte eingewendet werden, daß der Nichtchrist, wenn er auf Grund christlicher Denkvoraussetzungen handelt, dazu eigentlich kein Recht hat. Das trifft zu. Der Nichtchrist verfiel einer Illusion, wenn er sich mit optimistischen Antworten zufrieden gab, ohne nach ausreichender Grundlage dafür zu fragen. Tatsache bleibt, daß auch die Nichtchristen dachten und handelten, als wären diese Voraussetzungen wahr.

Welches waren nun diese Voraussetzungen? Zunächst: man rechnete damit, daß es so etwas wie absolute Maßstäbe gibt. Die Möglichkeit eines Absolutums in der Welt des Seienden (oder des Erkennens) und im Bereich der Moral wurde allgemein vorausgesetzt. Dies will sagen: solange die Menschen mit absoluten Werten rechneten, konnten sie sich auf der klassischen Grundlage der Antithese miteinander verständigen, auch wenn sie sich nicht darüber einigen konnten, was denn diese absoluten Werte sind. Aber es bleibt dabei: Dem Wahren stand das Unwahre gegenüber und dem Guten das Böse. Die kleine Formel: »Ist ›A‹ richtig, so ist ›Nicht-A‹ falsch« ist der erste Schritt aller klassischen Logik. Nur wer ermißt, wie weit wir uns von dieser klaren Formel entfernt haben, versteht die gegenwärtige Situation.

Das Absolute schließt die Antithese ein. Auch der Nichtchrist hielt sich an diese Regel, jedoch in einer romantischen Illusion, denn ihm fehlte der tragfähige Grund. Immerhin war es so möglich, über wahr und unwahr, richtig und falsch zu diskutieren. Wer damals einer Nichtchristin sagte: »Sei anständig«, konnte gewiß sein, daß sie verstand, worum es ging, auch wenn sie den Rat nicht befolgt hätte. Ein wirklich modernes Mädchen von heute wird dieselbe Aufforderung für Nonsens halten. Ihr leerer

Blick würde dabei nicht bedeuten, daß unsere Maßstäbe abgelehnt werden, sondern daß unsere Botschaft gar nicht angekommen ist.

Die Veränderung ist enorm. Vor dreißig oder mehr Jahren waren Aussagen wie »Dies ist wahr« oder »Jenes ist gut« für jedermann verständlich. Manche mögen ihre Überzeugungen nicht bis in alle Konsequenzen durchdacht haben, ein jeder aber sprach zum andern in der Annahme, die Idee der Antithese sei richtig. So konnte der Verkündiger des Evangeliums, der Seelsorger und der Erzieher von Anfang an gewiß sein, daß die Zuhörer ihn verstanden.

Voraussetzungsbewußte Apologetik hätte den Verfall aufhalten können[1]

Es ist verhängnisvoll, daß unsere christlichen Denker in der Zeit, ehe die Dinge ins Gleiten kamen und die Kluft aufbrach, ohne ein klares Verständnis für Denkvoraussetzungen lehrten und predigten. Hätten sie dies gehabt, so wären sie nicht überrumpelt worden, und sie hätten jungen Menschen helfen können, mit ihren Schwierigkeiten fertig zu werden. Das Allerschlimmste ist aber, daß selbst jetzt, Jahre nach dem Erdrutsch, viele Christen noch immer nicht wissen, was sich abspielt. Sie wissen es deshalb nicht, weil ihnen bis heute nicht beigebracht wurde, wie wichtig es ist, in den richtigen Voraussetzungen zu denken, besonders wenn es um Wahrheit geht.

Die Fluten weltlichen Denkens und der neuen Theologie haben die Kirche überschwemmt, weil ihre Führer nicht einsahen, wie wichtig es ist, falsche Voraussetzungen zu bekämpfen. Meist kämpften sie auf der falschen Ebene; und anstatt in Verteidigung und Kommunikation der Zeit voraus zu sein, hinkten sie mühevoll hinterher. Noch heute ist es schwer, diese Schwäche der evangelikalen Christen zu beheben.

Die Anwendung der klassischen Apologetik war in der Zeit vor dieser Veränderung nur deshalb möglich, weil die Nichtchristen zumindest formal von den gleichen Voraussetzungen ausgingen wie die Christen, obwohl sie dazu keine angemessene Grundlage besaßen. So wurden denn in der herkömmlichen Apologetik die Voraussetzungen nur selten geprüft, diskutiert oder auch nur berücksichtigt.

Wenn also früher jemand das Evangelium verkündigte und sagte: »Glaube dies, es ist wahr!«, so zog der Hörer von selbst den Schluß: »Nun, wenn das so ist, dann ist das Gegenteil unwahr.« Die Antithese als Voraussetzung durchdrang das ganze intellektuelle Blickfeld der Menschen. Wir dürfen nicht vergessen, daß das historische Christentum auf dem Boden der Antithese steht. Ohne diese Grundlage ist das historische Christentum unverständlich, ja sinnlos.

Die Linie der Verzweiflung

So haben wir also eine geschichtliche Trennlinie, die etwa wie folgt verläuft:

Die Linie der Verzweiflung	Europa um 1890
	USA um 1935

Ich betone, daß ich diese Linie die »Linie der Verzweiflung« nenne. Oberhalb der Linie finden wir Menschen mit ihrer romantischen Illusion vom Absoluten (ohne daß sie eine genügende logische Begründung dafür hätten). Diesseits der Linie ist alles verändert. Der Mensch denkt anders über die Wahrheit, und *so ist jetzt – mehr als je zuvor – voraussetzungsbewußte Apologetik dringend geboten.*

Um diese Linie der Verzweiflung klarer zu erfassen, müssen wir sie uns nicht als eine einfache waagerechte Linie vorstellen, sondern in Form einer Treppe:

Die Linie der Verzweiflung

Philosophie
Kunst
Musik
Allgemeine Kultur
Theologie

Jede dieser Stufen stellt einen zeitlichen Abschnitt dar. Das Obere ist früher, das Tiefere später. In dieser Folge beeinflußte die Veränderung des Wahrheitsverständnisses das Leben der Menschen.

Sie hat sich auf drei verschiedenen Ebenen schrittweise ausgebreitet. Die Menschen erwachten nicht einfach eines Morgens in einer völlig veränderten Welt.

Zum ersten sehen wir eine geographische Ausbreitung. Die

Ideen sind in Deutschland entsprungen und von hier ausgestrahlt. Vorerst wirkten sie auf dem europäischen Festland, dann überquerten sie den Kanal nach England und später den Atlantik bis nach Amerika. Zum zweiten durchdrang das neue Denken die verschiedenen Gesellschaftsschichten. Von den geistigen Wegbereitern zu den Bildungsträgern, dann zu den Arbeitern, und erst zuletzt erreichte es den höheren Mittelstand. Zum dritten breitete sich das neue Denken, wie unser Diagramm zeigt, von einer Disziplin zur anderen aus, angefangen bei den Philosophen bis hin zu den Theologen. Seit langer Zeit schon steht die Theologie an letzter Stelle. Wenn ich diesen kulturellen Ablauf beobachte, so erscheint es mir als ein Kuriosum, daß so viele die neuesten theologischen Entwicklungen herausgreifen und sie als etwas Neues begrüßen. *In Wirklichkeit ist das, was die neue Theologie jetzt vorträgt, zuvor schon in allen anderen Disziplinen ausgesagt worden.*

Es ist wichtig, die grundlegende Bedeutung dieser Linie zu erfassen. Wenn wir den Menschen das Evangelium bringen wollen und annehmen, sie wären oberhalb der Linie der Verzweiflung, wo sie doch schon darunter sind, so predigen wir ins Leere. Da oben ist niemand mehr. Das trifft für die Industriearbeiter genauso wie für die Intellektuellen zu. Das gleiche gilt für den Bereich des Geisteslebens. Diesseits der Linie bedeutet »Geist« für die Menschen genau das Gegenteil von dem, was die Bibel mit Geist bezeichnet.

Einheit und Vielfalt im Rationalismus

Im nichtchristlichen Denken finden wir wirkliche Einheit, doch innerhalb dieser Einheit auch Unterschiede. Das Abgleiten unter die Linie der Verzweiflung ist einer der Unterschiede in dem sonst einheitlichen Denken im nichtchristlichen Raum. Als einigender Faktor kann der Rationalismus gelten, oder wenn Sie wollen, der Humanismus. Wenn wir jedoch den letzteren Begriff gebrauchen, müssen wir sorgfältig seinen Sinn im Zusammenhang dieses Buches von dem begrenzten Verständnis unterscheiden, das ihm zum Beispiel Julian Huxley in dem von ihm herausgegebenen Buch *The Humanist France*[2] beilegt. Humanismus im Sinne Huxleys stellt einen Sonderbegriff innerhalb der weiteren, eigentlichen Bedeutung des Wortes dar. Humanismus im umfassenden Sinn ist das System, in welchem der Mensch, ausschließlich von sich selbst ausgehend und ohne einen anderen Bezugspunkt als sich selbst, versucht, alle Erkenntnis, allen Sinn und Wert des Lebens rational zu erfassen und zu umschreiben. Dagegen ist der Begriff Rationalismus, der dem eben beschriebenen Humanismus im weiteren Sinn entspricht, nicht mit dem Wort »rational« zu verwechseln. Rational bedeutet, daß die Gegebenheiten unserer Welt nicht unvernünftig sind, oder, in anderen Worten, daß das Verlangen des Menschen nach vernünftigen Antworten berechtigt ist. So ist zum Beispiel das judaistisch-christliche Weltverständnis rational, aber das ganze Gegenteil von Rationalismus.

Somit ist der Rationalismus oder Humanismus das Gemeingut des nichtchristlichen Denkens. Wenn nun Christen ihre Zeitgenossen verstehen und sich ihnen verständlich machen wollen, müssen sie die jeweilige Form des Rationalismus berücksichtigen. In einer Beziehung ist dieser immer gleich: Die Menschen gehen ausschließlich von sich selbst aus. In einem anderen Sinne verändert sich der Rationalismus ständig. Der Akzent wird immer wieder an einer anderen Stelle gesetzt, und diese Verschiebungen muß ein Christ genau erkennen, damit er sich nicht auf die Auseinandersetzung mit einer Welt einstellt, die gar nicht mehr existiert.

Die Linie der Verzweiflung veranschaulicht einen gewaltigen Wandel, der sich in unserer Zeit innerhalb der Einheit des Rationalismus vollzieht. Oberhalb der Linie standen rationalistische Optimisten. Sie glaubten, sie könnten, von sich selbst ausgehend, einen Kreis schlagen, der alles Denken und das Leben in seiner Gesamtheit umfaßt, ohne dabei von dem logischen Grundsatz der Antithese abgehen zu müssen. Sie glaubten, Menschen könnten aus eigener Kraft auf rationalistischem Wege eine Einheit in der totalen Vielfalt finden. An diesem Punkt stand die Philosophie vor unsrer Zeit. Die einzige von diesen rationalistischen Optimisten geführte echte Auseinandersetzung drehte sich um die zu zeichnende Kreislinie. Einer zog einen Kreis und erklärte: »In diesem Kreis können wir leben.« Der nächste löschte diesen Kreis und zog einen anderen. Wieder kam einer, löschte den Kreis und zog einen neuen – und so ging es fort. Wer so die Geschichte der Philosophie verfolgt, mag wohl, wenn er mit all den sich ablösenden Kreisen am Ende ist, wie im Schwindelanfall die Neigung verspüren, alles aufzugeben.

An einem bestimmten Punkt wurde denn auch die Bemühung

um ein einheitliches System des optimistischen Humanismus aufgegeben. Die Philosophen kamen nämlich zu der Schlußfolgerung, daß sie diesen einheitlichen, alles menschliche Denken und Leben umfassenden Kreis niemals finden würden. Sie fanden sich plötzlich in einem großen runden Raum, ohne Türen oder Fenster, in tiefster Dunkelheit gefangen. Von der Mitte des Raumes aus suchten sie tastend nach dem Ausgang. Viele Male stolperten sie so an den Wänden entlang, bis ihnen endlich die schreckliche Erkenntnis kam, daß es keinen Ausgang und keinen Ausweg gab! *Das war das Ende der Bemühungen um ein einheitliches, rationalistisches System. Und indem sie die klassische Methodologie der Antithese verließen, veränderten sie das Wahrheitsverständnis. Damit war der moderne Mensch geboren.*

So lebt der moderne Mensch unter der Linie der Verzweiflung. Gegen seinen Wunsch wurde er dorthin getrieben. Er blieb Rationalist und war doch nicht mehr derselbe. Verstehen wir Christen diese Veränderung in unserer heutigen Welt? Wenn nicht, führen wir lediglich Selbstgespräche.

Der Trend zu einer einheitlichen Kultur

Wir müssen den Abgrund sehen, in den der Mensch durch sein Denken geführt worden ist, nicht nur aus intellektuellem Interesse, sondern wegen seiner geistigen Tragweite. Der Christ soll dem Geist der Welt widerstehen. Doch wenn wir dieses sagen, müssen wir uns darüber im klaren sein, daß der Weltgeist nicht immer das gleiche Gewand trägt. So muß der Christ dem Geist der Welt in der Gestalt widerstehen, in welcher er ihm in seiner Generation begegnet. Andernfalls widersteht er dem Geist der Welt überhaupt nicht. Das trifft ganz besonders auf unsere Generation zu, denn die Kräfte, die uns jetzt entgegenstehen, zielen auf das Ganze. Die nachfolgenden, Martin Luther zugeschriebenen Worte gelten vielleicht unserer Generation mehr als je einer Generation zuvor:

> Wenn ich mit lauter Stimme und klarer Auslegung alle Teile der Wahrheit Gottes verkündige, außer gerade dem einen kleinen Punkt, den die Welt und der Teufel eben in diesem Augenblick angreifen, dann bezeuge ich Christus überhaupt nicht, wie mutig ich auch Christus bekennen mag. Wo die Schlacht tobt, da wird die Treue des Kämpfers auf die Probe gestellt; und auf allen anderen Schlachtfeldern treu zu sein, ist für den Chri-

sten in diesem Augenblick nichts anderes als Flucht und Schande, wenn er in diesem Punkt nachgibt.

Es wäre falsch zu behaupten, die Kultur wäre immer völlig einheitlich. Das ist keineswegs der Fall. Und doch, wenn wir die Geschichte der Kunst und der Literatur studieren und alles, was zum Verständnis einer Kultur beiträgt, dann finden wir eine deutliche Strömung zu einer festgefügten und einheitlichen Weltkultur hin.

Beim Studium der Archäologie können wir verfolgen, wie ein gewisses Gedankengut an einem Ort entwickelt wurde und sich dann über Hunderte von Jahren hinweg in großen Räumen verbreitet hat. Als Beispiel sei die indogermanische Kultur erwähnt, deren Ausbreitung wir an den Spuren gewisser Wörter verfolgen können.

In der fernen Vergangenheit breiteten sich Kulturformen so langsam aus, daß sie sich zur Zeit der Entfaltung in einem neuen Gebiet an ihrem Ursprungsort manchmal schon wieder verändert hatten. Heute aber ist die Welt klein geworden, und nichts hindert eine Einheitskultur daran, sich mit rasender Geschwindigkeit zu verbreiten und große Teile der Menschheit zu erfassen. Keine künstlichen Schranken, auch kein eiserner Vorhang, können den Strom von Ideen aufhalten. Die klein gewordene nachchristliche Welt sieht sich auf beiden Seiten des eisernen Vorhanges von derselben Methodologie und derselben monolithischen Denkweise durchdrungen, welche absolute Werte und die Antithese aufgeben und zu einem pragmatischen Relativismus führen.

In unserem modernen, auf Spezialistentum hinzielenden Bildungssystem liegt die Neigung, das Ganze zugunsten seiner Teile zu vernachlässigen, und so bringt unsere Generation nur noch wenig wirklich gebildete Menschen hervor. Wahre Bildung bedeutet Denken in Zusammenhängen der verschiedenen Wissensgebiete, es bedeutet nicht wie etwa ein Techniker nur in einem Feld hochqualifiziert zu sein. In meinen Augen hat sich wohl keine Wissenschaft so sehr von den anderen Sparten der Erkenntnis abgekapselt wie die bekenntnistreue Theologie von heute.

Diejenigen, die an der historischen christlichen Botschaft festhalten, haben wenig Neigung gezeigt, die Zusammenhänge des heutigen Denkens zu verstehen. Wenn der Apostel ermahnte, uns von der Welt unbefleckt zu erhalten[3], so meinte er damit nicht einen abstrakten Begriff. Will der Christ dieser Aufforderung folgen, so muß er zunächst einmal wissen, was ihm in diesem

Augenblick als die »Welt« überhaupt gegenübersteht. Sonst wird er ein nutzloses Museumsstück und nicht ein lebendiger Streiter für Jesus Christus sein.

Der bekenntnistreue Christ hat sowohl in der Verteidigung als auch in der Verkündigung des Evangeliums einen hohen Preis dafür gezahlt, daß er es unterließ, in der Auseinandersetzung mit unserer modernen, monolithischen Kultur als ein wirklich gebildeter Mensch zu denken und zu handeln.

2. Kapitel

Die erste Stufe der Linie der Verzweiflung - die Philosophie

Hegel, der Wegbereiter

Der Philosoph Friedrich Hegel (1770–1831) bereitete als erster den Schritt über die Linie der Verzweiflung vor. Bis zu ihm hin bildete die Antithese das Fundament jeglicher Wahrheitsfindung, allerdings ohne angemessene Begründung, sondern aus einer romantischen Illusion heraus. Wahrheit im antithetischen Sinne hängt immer mit dem Prinzip von Ursache und Wirkung zusammen. Ursache und Wirkung ergeben eine Kettenreaktion, die sich in horizontaler Linie fortpflanzt. Mit Hegel änderte sich das völlig.

Dabei müssen wir die Bedeutung des Zeitpunktes berücksichtigen. Was Hegel lehrte, kam genau im geschichtlich richtigen Augenblick, um seinen Gedanken ein Maximum an Wirkung zu geben.[1]

Stellen wir uns vor, Hegel hätte eines Tages im Kreise seiner Freunde in einer Gaststube philosophische Tagesfragen diskutiert, dann plötzlich sein Bierglas auf den Tisch gestellt und verkündet: »Ich habe eine neue Idee. Von heute an wollen wir in einer anderen Weise denken. Wir dürfen nicht von Ursache und Wirkung her denken, denn in Wirklichkeit haben wir eine These, der eine Antithese gegenübersteht, und die Beziehungen zwischen den beiden besteht nicht in der horizontalen Bewegung von Ursache und Wirkung, sondern die Antwort ist stets eine Synthese.« Hätte ein nüchterner Geschäftsmann dabeigestanden und diese Worte gehört, hätte er wohl gedacht: »Wie abwegig und theoretisch!« Aber weit gefehlt! Denn – Hegel selbst oder seine Zuhörer mögen das vorausgesehen haben oder nicht – als Hegel diesen Gedanken vortrug, verwandelte er die Welt.

Seitdem hat sich die Welt radikal verändert. Wer die Entwicklung der Philosophie, der Moral und des politischen Denkens von damals bis heute durchschaut, der weiß, daß sich Hegel und die Synthese durchgesetzt haben. Mit anderen Worten: Hegel hat die gerade Linie des bisherigen Denkens durchbrochen und durch ein Dreieck ersetzt. Der moderne Mensch sucht die Wahrheit nicht mehr mit Hilfe der Antithese, sondern der Synthese.

Hegel hat den Schritt über die Linie der Verzweiflung nur vorbereitet. Er selbst hat sie nie überschritten. Man kann zu Recht behaupten, daß Hegel ein Idealist blieb. Er glaubte die Synthese auf rationalem Wege erreichen zu können. Das erwies sich jedoch als unmöglich, und so finden wir den nächsten Mann, mit dem wir uns auseinandersetzen müssen, bereits unterhalb der Linie.

Kierkegaard – der erste unterhalb der Linie

Sören Kierkegaard (1813–1855) wird oft als der Vater alles modernen Denkens bezeichnet. Das stimmt. Er ist der Vater des modernen weltlichen und des neuen theologischen Denkens. Unser Diagramm sieht jetzt so aus:

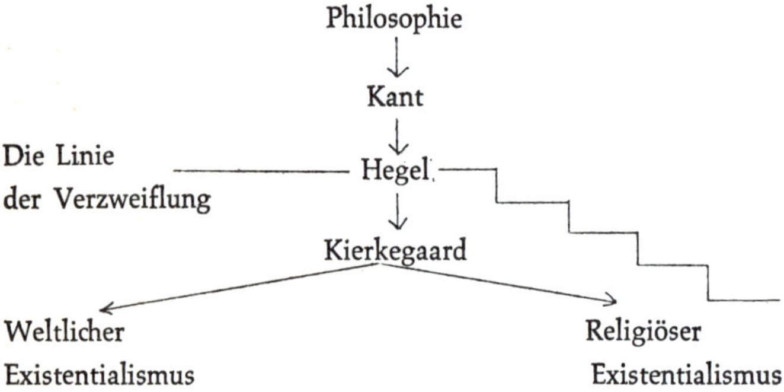

Warum kann man nun gerade Kierkegaard als Vater beider Ausprägungen des Existentialismus betrachten? Welche Aussage fügte er dem Hegelschen Denken hinzu, um solche Bedeutung zu erlangen? Kierkegaard kam zu dem Schluß, daß man die Synthese nicht durch die Vernunft erreichen könne. Zu den wesentlichen Frage könne man vielmehr nur durch einen Glaubenssprung vorstoßen. Er trennte also das Rationale und Logische völlig vom Glauben. Vernunft und Glaube haben keinerlei Beziehung zueinander, wie dieses Diagramm zeigt:

Glaube

Das Rationale und das Logische

Wir haben nicht die Absicht, hier auf die ganze Lehre Kierkegaards einzugehen. Natürlich enthält sie noch sehr viel mehr. Es wäre zum Beispiel ganz nützlich, einmal darüber nachzudenken, ob er ein gläubiger Christ war oder nicht. Auch könnten wir darüber sprechen, ob er sich wohl über die Folgen seiner Lehre freuen würde, wenn er die heutige Zeit erleben könnte. *Aber das wichtigste an ihm ist, daß er durch seine Lehre vom »Sprung« tatsächlich der Vater alles modernen, existentiellen Denkens wurde, sowohl auf säkularem als auch auf theologischem Gebiet.*

Seit dieser Zeit kann sich der rationalistische Mensch nur noch mit den tiefen Fragen des menschlichen Lebens (wie Ziel und Bedeutung des Lebens oder Wert der Liebe) auseinandersetzen, indem er das rationale Nachdenken darüber über Bord wirft und einen gewaltigen, nicht-rationalen Sprung macht. Das auf die Vernunft gestützte rationalistische Denksystem fand keine Antwort auf diese Fragen, und so mußte alle Hoffnung auf ein einheitliches Erkenntnisfeld aufgegeben werden. Wir erhalten also folgenden Zwiespalt:

DAS NICHT-RATIONALE UND NICHT-LOGISCHE	Existentielle Erfahrung, Grenzsituation, erstrangige Erfahrung
DAS RATIONALE UND LOGISCHE	Nur Einzelheiten, kein Sinn und Ziel, der Mensch ist eine Maschine

Wenn wir einmal die Entwicklung der modernen Philosophie auf diese Weise verfolgt haben, dann erkennen wir, daß dem scheinbar so vielschichtigen Spektrum heutiger Philosophie in Wirklichkeit nur wenige Formen zugrunde liegen. Eine Grundvoraussetzung ist ihnen allen gemeinsam. Zwischen der definierenden Philosophie, wie sie heute in Cambridge gelehrt wird, und dem Existentialismus eines Karl Jaspers scheint kein Zusammenhang zu bestehen. Das trifft jedoch nicht zu. Auf fast allen philosophischen Lehrstühlen herrscht heute eine grundlegende Übereinstimmung: die radikale Verneinung der Möglichkeit, einen Kreis zu schlagen, der alles einschließt. In diesem Sinne könnten wir die heutigen Philosophien allen Ernstes als Antiphilosophien bezeichnen.

Der Existentialismus von Jaspers, Sartre, und Heidegger

Von den beiden von Kierkegaard ausgehenden existentiellen Denkströmungen betrachten wir zunächst den säkularen Zweig. Im Zusammenhang mit Karl Barth werden wir uns an späterer Stelle mit dem theologischen Existentialismus beschäftigen.

Es gibt drei Hauptzweige des weltlichen existentialistischen Denkens: Die Schweizer, die französische und die deutsche Schule. Karl Jaspers' (1883–1969) Arbeiten in der Schweiz mögen weniger bekannt sein als die französischen und deutschen, dennoch ist er ein Mann von außerordentlicher Bedeutung. Er war Deutscher, lehrte aber seit 1948 an der Universität Basel. Er betonte nachdrücklich die Notwendigkeit, auf eine nicht-rationale »Grenzsituation« zu warten, die dem Leben einen Sinn geben könnte. Des öfteren sind Anhänger der Philosophie von Jaspers zu mir gekommen und haben mir gesagt: »Ich hatte ein Grenzerlebnis.« Sie erwarteten von mir keinesfalls eine Frage nach dem Inhalt dieses Erlebnisses. Mit einer solchen Frage hätte ich lediglich bewiesen, daß ich zu den Uneingeweihten gehöre.

Die Tatsache, daß es ein *existentielles* Erlebnis ist, schließt jede Mitteilung darüber aus. Sie haben ein Erlebnis gehabt, können den Inhalt aber unmöglich in Worte fassen. Einige dieser Studenten haben sich mit mir unterhalten und sagten: »Wenn wir Sie sehen und mit Ihnen sprechen, Ihr Einfühlungsvermögen anderen Menschen gegenüber und Ihre offene Art, den Menschen zu begegnen, beobachten, erkennen wir, daß auch Sie ein Mann sind, der ein Grenzerlebnis gehabt hat.« Das soll natürlich ein hohes Kompliment sein, und ich antworte dann stets: »Ich danke Ihnen.« Und ich bin wirklich dankbar dafür. Denn es ist beachtenswert, wenn ein Existentialist einem bibelgläubigen Christen zutraut, etwas davon zu verstehen. Aber dann sage ich weiter: »Ja, ich habe ein Grenzerlebnis gehabt, aber es kann in Worten ausgedrückt und rational erörtert werden.« Dann spreche ich von meinem persönlichen Verhältnis zu dem persönlichen Gott, der wirklich da ist. Ich versuche ihnen verständlich zu machen, daß sich diese Beziehung darauf gründet, was Gott den Menschen in festen Aussagen in der Bibel mitgeteilt hat, und auf das vollendete Werk Jesu Christi in Raum und Zeit. Darauf antworten sie, das sei doch unmöglich, ich versuchte hier etwas, das nicht gelingen könne. Von diesem Punkt an geht die Diskussion weiter.

Versuchen Sie sich doch einmal einen Augenblick in die Lage eines solchen Menschen zu versetzen. Er trägt ein schweres Problem mit sich herum, denn er gründet die ganze Gewißheit seines Daseins und die Hoffnung auf einen Lebenssinn auf ein einziges, gewaltiges Erlebnis, das er an einem bestimmten Punkt in der Vergangenheit gehabt hat.

Dabei dürfen wir uns nicht einbilden, diese Menschen meinten es nicht ernst. Ich wünschte vielen gläubigen Christen die Redlichkeit, die diese Menschen bei ihren inneren Kämpfen an den Tag legen. Mir wurde erzählt, Karl Jaspers hätte Kolloquien mit seinen besten Studenten mit der Warnung eingeleitet, keinen Selbstmord zu begehen, weil man nicht wissen könne, ob der selbstgewählte Tod ein Grenzerlebnis sei. Sollten wir nicht vielen Christen, die an Christus zu glauben behaupten, eine ebenso unbedingte Hingabe wünschen?

Aber das Ringen dieser Existentialisten ist von einer schrecklichen Finsternis überschattet. Sie mögen noch so aufrichtig sein, stets bleiben sie unfähig, ihr Erlebnis anderen mitzuteilen. Der einzelne kann ja nicht einmal sich selbst faßbar machen, was geschehen ist. Am nächsten Morgen mag er vielleicht sagen: »Gestern hatte ich ein Erlebnis.« Am darauffolgenden Tag wird er immer noch sagen: »Ich hatte ein Erlebnis.« Nach einem Monat oder einem Jahr hält er immer noch verbissen an seiner einzigen Hoffnung auf Lebenssinn und Existenzgewißheit fest, indem er wiederholt: »Ich weiß, daß ich ein Erlebnis hatte.« Ihre Lage ist deshalb so entsetzlich, weil sie ihre ganze Hoffnung auf ein nicht-rationales, nicht-logisches und nicht-mitteilbares Erlebnis setzen.

Wenden wir uns Frankreich zu, kommen wir zu Jean-Paul Sartre (geboren 1905) und Albert Camus (1913 bis 1960). Sie vertreten unterschiedliche Ansichten, gehen aber von den gleichen Grundvoraussetzungen aus. Von den beiden spricht Sartre wohl die klarere Sprache. Er sagt: Wir leben in einem absurden Universum, in dem alles grotesk ist. Dennoch muß der Mensch sich selbst zu verwirklichen suchen, und zwar durch einen Willensakt. Dabei spielt die Zielsetzung keine Rolle, solange er nur etwas tut.

Was Sartre damit meint, läßt sich am besten im Bereich der Ethik zeigen. Wenn wir eine alte Dame sehen und ihr helfen, sicher die Straße zu überqueren, dann haben wir uns damit »selbst verwirklicht«. Wenn wir ihr statt dessen einen Schlag auf den Kopf versetzen und ihre Handtasche stehlen, so haben wir uns auch dadurch »selbst verwirklicht«. Der Inhalt der Tat ist bedeutungslos, man muß sich nur entscheiden und handeln, darin besteht die Selbstverwirklichung. Das ist Existentialismus französischer Ausprägung. Wie ich später zeigen werde, haben weder Sartre noch Camus ihre theoretische Position in der Praxis ausleben können.

Wir kommen diese Männer zu einer so eigenartigen Position? Der Grund liegt in ihrem Abstieg unter die Linie der Verzweiflung. Sie haben die Hoffnung aufgegeben, den Sinn des Lebens in einem rationalen Kreis zu erfassen, und so bleibt ihnen nur das Anti-Rationale. Dabei ist es für das Endergebnis völlig belanglos, ob man das Problem mit theologischen Ausdrücken verziert; das Problem als solches bleibt ungelöst.

Schließlich haben wir noch die deutsche Form des Existentialismus, wie sie von Martin Heidegger (geboren 1889) vertreten wird. Heidegger ist besonders faszinierend, weil man in seinem Leben zwei ganz unterschiedliche Phasen beobachten kann. Im Alter von ungefähr 70 Jahren schwenkte er auf eine neue Linie ein. Einige meiner Schüler haben sich darüber lustig gemacht und gesungen: »Der alte Heidegger ist der neue Heidegger.« Der Umschwung war bedingt durch die Einsicht, daß er auf dem Boden seines philosophischen Systems nicht leben konnte. Vor diesem Wandel, den wir später noch näher betrachten werden, war Heidegger ein echter Existentialist. Wie Sartre, erkannte auch er die Notwendigkeit der »Selbstverwirklichung«. Aber wie macht man das? Nicht durch einen Willensakt, sondern durch ein unbestimmtes Gefühl der Angst. Dabei ist *Angst* nicht mit *Furcht* zu verwechseln. Furcht hat nach Heidegger einen konkreten Anlaß, Angst jedoch nicht. Selbstverwirklichung geschieht aufgrund eines Gefühls der Angst vor etwas, das jenseits unseres Begreifens steht, also lediglich aufgrund einer düsteren Vorahnung.

Die Antiphilosophie der angelsächsischen Welt

In der angelsächsischen Welt haben in letzter Zeit zwei philosophische Strömungen vorgeherrscht: der logische Positivismus und die definierende Philosophie. Sie wurzeln beide nicht im Existentialismus. Ihre Vertreter distanzieren sich entschieden davon und weisen immer wieder auf ihr logisches und rationales Vorgehen hin. Aber wenn wir auch zugeben, daß sie ihrem Ursprung nach nicht dem Existentialismus verwandt sind, so haben sie doch eines mit ihm gemeinsam: trotz ihrer verschiedenen Ansätze sind sie alle Antiphilosophien.

Der logische Positivismus behauptet, jeden seiner Gedankenschritte rational zu begründen. In Wirklichkeit wird jedoch dem ersten der vollzogenen Gedankenschritte keine allgemeingültige Grundvoraussetzung vorangestellt. Ohne einen logischen Beweis für die Richtigkeit erbracht zu haben, setzen die Positivisten voraus, daß man das, was von der Außenwelt an den Menschen herantritt, als »Daten«, also als objektiv gültige Tatsachen, bezeichnen kann.

Dieses Dilemma zeigte sich sehr deutlich bei einem jungen Mann, der in Oxford logischen Positivismus studiert hatte. Er besuchte uns in der Schweiz als Student des Farelhauses. Eines Tages sagte er:

»Einige Dinge verwirren mich. Ich würde gern einmal eine Seminarsitzung darüber leiten, um zu sehen, was es eigentlich mit der Sache auf sich hat.«

Das tat er dann auch und fing an:

»Wenn also diese ›Daten‹ an uns herantreten ...«

Sofort wendete ich ein:

»Woher wissen Sie auf der Grundlage des logischen Positivismus, daß es ›Daten‹ sind?«

Er setzte noch einmal an, sprach ein oder zwei Sätze und sagte dann wieder:

»Wenn dann die ›Daten‹ an uns herantreten ...«

Mir war, als müsse ich einem naschsüchtigen Kind auf die Finger klopfen. Aber ich mußte sagen:

»Nein, Sie dürfen das Wort ›Daten‹ nicht gebrauchen. Es ist mit allen möglichen Nebenbedeutungen belastet und setzt Objektivität voraus, die von Ihrem System noch nicht bewiesen worden ist.«

»Aber was soll ich denn sagen?« antwortete er.

Ich schlug vor:

»Sagen Sie einfach ›Flopp‹. Sie wissen nicht, was ›Daten‹ eigentlich bedeutet, also können Sie genauso gut ›Flopp‹ sagen.«

Er begann aufs neue:

»Wenn ›Flopp‹ an uns herantritt . . .«, und damit war die Diskussion vorüber. Auf der Grundlage ihrer Form des Rationalismus kann man dieses Etwas mit der gleichen Logik »Flopp« nennen, wie man es als »Daten« bezeichnen kann.

Auf seine Art vollzieht der Positivismus ungeachtet seines Namens ebenso einen Gedankensprung wie der Existentialismus, denn er hat, wie dieser, keine logische Grundvoraussetzung.

In England und Amerika steht jedoch heute die definierende Philosophie im Vordergrund und gewinnt ständig mehr Einfluß.

Der Ausgangspunkt der Vertreter dieser Philosophie ist, wie der Name sagt, die Definition. Sie behaupten, auf keinen Fall einen gedanklichen Schritt zu tun, ohne zuvor alle verwendeten Begriffe rational und logisch zu definieren. Sie würden auch nur so weit vorstoßen, wie es eine saubere Definition zulasse.

Das ist schön und gut. Aber selbst wenn wir die Meinungsunterschiede in ihren eigenen Reihen über die Gültigkeit der angewandten Kategorien übersehen, so haben sie doch noch andere Probleme. Viele geben ganz offen zu, daß sie im Grunde nur Vorarbeit leisten. Sie definieren ja nur Begriffe, in der Hoffnung, daß sich eines Tages einige dieser Zufallstücke zusammenfügen lassen. Ihre Arbeit ist nützlich, denn sie hat bewiesen, daß sich gewisse Probleme durch richtige Definition der Begriffe von selbst lösen. Ihr Wert besteht ferner darin, daß sie das Werkzeug für klares Denken liefert. Bei all ihrer sorgfältigen Definition bleiben jedoch Sinn und Ziel ausgeklammert. Die klassische Philosophie bis hin zu Kant bestand aus zwei Teilen. Gewiß befaßte sie sich auch mit den Einzeldingen, diese aber wurden von einem Kreis umschlossen, der alles Leben und alle Erkenntnis zusammenfassen sollte. Die definierende Philosophie beschäftigt sich jedoch nur mit Einzeldingen. Sie behauptet auch nicht ein System zu sein, und so ist sie, als Gegensatz zur klassischen Philosophie, eine Antiphilosophie.

Außerdem vollziehen viele Vertreter dieser Philosophie an bestimmten Stellen ihren persönlichen Sprung. Als definierende Philosophen haben sie sich auf ihrem Gebiet Prestige erworben. Anderseits vertreten viele von ihnen einen optimistischen Humanismus, schließen sich also den optimistischen Aussagen eines Sir Julian Huxley an. Dabei geschieht aber folgendes: Sie machen ihr Prestige als bewährte Lehrer auf dem Gebiet der definierenden Philosophie geltend, um ihre humanistischen Ansichten über den Menschen aufzuwerten. Dazu ist zu sagen, daß hervorragende Leistungen auf dem Gebiet der Definition einen falschen Ansatz in den grundlegenden Fragen nicht wettmachen können.

Tatsächlich besteht zwischen ihrer scharf begrenzten Philosophie, die nichts über Sinn und Ziel aussagt, und ihren optimistischen Behauptungen kein rationaler Zusammenhang. Über diese Kluft setzen sie sich aber mit Hilfe eines Sprunges hinweg. Wie sorgfältig und rational ihre Wortdefinitionen auch sein mögen, ihre optimistisch-humanistische Auffassung vom Menschen ist reiner Glaube.

Der heute allgemein verbreitete evolutionäre Humanismus befindet sich in der gleichen Klemme. Jeder kann unter Aufbietung seiner ganzen Beredsamkeit behaupten, der Mensch gehe einer rosigen Zukunft entgegen. Doch auch das ist ein Glaubenssprung, denn weder im einzelnen Menschen noch in der Gesellschaft deutet irgend etwas darauf hin, daß der Mensch morgen besser sein wird, als er es gestern war oder heute ist.

Sir Julian Huxley führt diese rein optimistische Antwort noch einen Schritt weiter, wenn er erklärt, der Mensch könne nur durch die Annahme einer neuen Mystik besser werden. So behauptet er, die Menschen könnten besser zusammenleben, wenn sie eine Religion hätten, obwohl es in Wirklichkeit keinen Gott gäbe.[2] Er sagt:

> Vom spezifisch religiösen Standpunkt her können wir die wünschenswerte Richtung der Menschheitsentwicklung als Vergöttlichung des Daseins bezeichnen – soll aber das praktische Bedeutung erlangen, müssen wir »das Göttliche« ganz neu definieren, frei von allen Vorstellungen unabhängiger übernatürlicher Wesen. Die Religion ist heute an einen theistischen Rahmen gebunden und gezwungen, sich in einer unwirklichen, dualistischen Welt zu betätigen. Im einheitlichen humanistischen Rahmen aber gewinnt sie ein neues Gesicht und eine neue Freiheit. Mit Hilfe unserer neuen Schau kann sie der theistischen Sackgasse entrinnen und eine angemessene Rolle in der realen Welt des einheitlichen Daseins spielen.

Nun mag die Erfahrung wirklich lehren, daß die Gesellschaft mit dem Leben besser fertig wird, wenn die Menschen an einen Gott glauben. Aber der optimistische Humanismus ist doch seinem Wesen nach unvernünftig (und vollzieht, wie die schon besprochenen Philosophien, einen irrationalen Sprung), wenn er nur dann optimistisch sein kann, wenn die Menschheit einer Lüge glaubt und aufgrund dieser Lüge handelt.

Der Gebrauch von Drogen

Nicht nur der Existentialist spricht von einem »Erlebnis« als Mittel der Selbstverwirklichung. Bis zu seinem Tode empfahl Aldous Huxley den Gebrauch von Drogen, um so eine »erstrangige Erfahrung« zu machen.[3] Wie die von den Existentialisten befürwortete Grenzsituation, geschieht auch diese Erfahrung oberhalb der Linie rationaler Gültigkeit:

DAS NICHT-RATIONALE UND NICHT-LOGISCHE	Erstrangige Erfahrung durch Drogen
DAS RATIONALE UND LOGISCHE	Weder Sinn noch Ziel zu finden

Dieses überwältigende Verlangen nach einer nicht-rationalen Erfahrung ist der tiefste Grund für den ernsthaften Gebrauch der Drogen LSD und STP in unserer Zeit. Sensible Menschen benutzen heute die Drogen zumeist nicht, um der Wirklichkeit zu entfliehen. Im Gegenteil hoffen sie, dadurch eine Wirklichkeit zu erleben, die ihrem Leben einen Sinn gibt. Timothy Leary, ein ehemaliger Professor der Harvard Universität, hat bezeichnenderweise den LSD-Rausch mit den im tibetanischen Totenbuch[4] beschriebenen Erfahrungen verglichen. So zeigt er, wie wenig sich das Verlangen nach dieser Erfahrung und ihre Form in Ost und West voneinander unterscheiden. Ob wir nun auf den Existentialisten oder auf Huxley oder auf den asiatischen Mystizismus hören, überall finden wir das Verlangen nach einer irrationalen Erfahrung, um dem Leben einen Sinn zu geben. Mit ihren Anschauungen sind sie vor einer Mauer angelangt, die sie nun mit Hilfe eines wirklichkeitsfremden, irrationalen Sprunges zu überwinden hoffen. Ihre verschiedenen Auffassungen mögen sich in Einzelheiten durchaus unterscheiden, doch sie alle stehen vor derselben Mauer und machen denselben Versuch, sie zu überwinden. Und jeder solche Versuch enthält einen nicht-rationalen Sprung.

Die heute an den meisten Universitäten gelehrte Philosophie bewegt sich unterhalb der Linie der Verzweiflung. Lebendige philosophische Diskussionen finden wir mehr und mehr in ungewöhnlichen Kreisen — wie etwa in der philosophischen Astronomie, im modernen Jazz oder unter den echten Hippies. In dieser Umgebung wird heute echte Philosophie betrieben. Die akademische Philosophie als solche (einschließlich der angelsächsischen Philosophie) ist heute fast ausschließlich Antiphilosophie.

Zum Abschluß dieses Abschnittes sei bemerkt, daß wir mit »unterhalb der Linie der Verzweiflung« nicht meinen, diese Leute würden von morgens bis abends weinen, wohl aber, daß sie alle Hoffnung aufgegeben haben, eine umfassende rationale Antwort auf die Fragen der Erkenntnis und des Lebens zu erhalten.

Was bei solchen Erlebnissen wirklich geschieht

Wenn ein Mensch behauptet, er hätte (mit oder ohne Droge) eine Erfahrung gemacht, ist in vielen Fällen wirklich etwas mit ihm geschehen. Wenn er zum Beispiel die »Röte« einer roten Rose erlebt, so hat ihn wirklich etwas berührt. Aber was?

Im allgemeinen werden für das, was in einem Erlebnis der Religionen des Ostens, einem existentiellen Erlebnis oder einem Drogen-Erlebnis wirklich geschieht, nur zwei sinnvolle Erklärungen angeboten. Entweder wird behauptet, der Suchende sei bei seinem Erlebnis auf das »Nichts« gestoßen oder, er habe die »Wirklichkeit Gottes« erfahren. Das letztere gilt besonders für die östlichen Religionen. Der Guru sagt: »Ich habe etwas gefunden.« Andere tun das dann entweder als Unsinn ab oder sagen, er sei »dem Göttlichen begegnet«.

All diese existentiellen Erfahrungen leiden an einem gemeinsamen Problem: Ihr Inhalt läßt sich nicht mitteilen. Nur der Uneingeweihte würde verlangen: »Beschreiben Sie mir bitte in normalen Kategorien, was Sie erlebt haben.«

Ich bin jedoch überzeugt, daß es noch eine dritte sinnvolle Erklärung für das gibt, was in solchen Erfahrungen berührt wird. Es handelt sich um eine Erklärung, die nur ein Christ geben kann, weil er allein die Menschen so sieht, wie sie in Gottes Universum wirklich sind:

Gott hat eine reale, objektive Welt geschaffen, die nicht die Ausdehnung seines Wesens ist. Diese wirkliche, objektive Welt existiert. Gott hat auch den Menschen geschaffen als ein reales, personales Wesen, hat ihn mit seinem »Menschsein« ausgestattet, dem er nicht entrinnen kann. Aufgrund ihrer Weltanschauung können viele dieser Erlebnis-Sucher weder mit Sicherheit wissen, daß die objektive Welt existiert, noch, daß es den Menschen als Menschen gibt. Ich bin jedoch zu der Überzeugung gelangt, daß viele von ihnen trotz ihrer intellektuellen Zweifel die Wirklichkeit der objektiven, existierenden Welt oder des »Menschseins« tatsächlich erfahren haben. Das können sie deshalb, weil Gott den Menschen so geschaffen hat, nach seinem Bilde, daß er die objektive Welt und das »Menschsein« des Menschen erfahren kann. Sie sind also auf etwas gestoßen, das wirklich existiert, und dieses »Etwas« ist weder das »Nichts« noch Gott. Die dritte Möglichkeit läßt sich also folgendermaßen zusammenfassen: Wer die »Röte« einer Rose erlebt, der erfährt die objektive Welt genauso wie der Bauer, der seinen Acker pflügt. Beide berühren die Welt, die wirklich da ist.

In derselben Weise erleben Verliebte am linken Seineufer in Paris das »Menschsein« des Menschen – sie lieben einander und weinen zugleich, weil sie nicht an die Existenz von Liebe glauben. Sollte ich einem solchen Paar begegnen, würde ich ihnen meine Hände auf die Schultern legen und sagen: »Wenn ihr Christus nicht als euren Heiland annehmt, seid ihr für ewig verloren, auf dem Weg zur Hölle. Doch jetzt, in diesem Augenblick, erkennt ihr etwas von der Wirklichkeit des Universums. Nach eurer Philosophie mag es so etwas wie Liebe nicht geben, aber eure eigene Erfahrung beweist, daß sie doch existiert.« Sie haben zwar nicht den persönlichen, wirklich existierenden Gott erlebt, aber in ihrer Liebe haben sie für einen flüchtigen Augenblick die Existenz wahrer Persönlichkeit erfahren. Und dies ist in der Tat eine objektive Wirklichkeit, denn Gott hat sie als Persönlichkeiten geschaffen. Zweifellos berührt der Mensch in diesen Erfahrungen etwas – nicht das Nichts, auch nicht Gott, sondern die von Gott erschaffene objektive Realität der materiellen Welt und das »Menschsein« des Menschen.

Immer wieder taucht die Frage auf, warum ein Christ keine Drogen gebrauchen solle, obwohl diese doch unbestritten eine »Bewußtseinserweiterung« hervorrufen. Das stimmt – aber der Preis ist viel zu hoch. Vor einiger Zeit veröffentlichte die Zeitschrift *The Listener* ein anonymes Gedicht, das in Anlehnung an den dreiundzwanzigsten Psalm so anfängt:

König Heroin ist mein Hirte,
Mir wird immer mangeln,
Er lagert mich in der Gosse,
Er führt mich zu trüben Wassern,
Er zerstört meine Seele.

Abgesehen von ihrer Anwendung in der Medizin und unter sorgfältiger Überwachung wirken Drogen verheerend. Es ist töricht und unrecht, mit Drogen herumzupfuschen.

3. Kapitel

Die zweite Stufe - die Kunst

Während die Philosophie, die erste Stufe der Linie der Verzweiflung, nur einen kleinen Kreis von Menschen berührte, beeinflußte die Kunst, die zweite Stufe, eine wesentlich größere Zahl.

Wie in der Philosophie, wurde auch in der Kunst dieser Schritt über die Linie vorbereitet, und zwar von den Impressionisten. Sie verstanden sich selbst ursprünglich nicht als Rebellen gegen klassische Kunstideale. Sie wollten in ihrer Malerei den augenblicklichen Reiz des Lichts einfangen, wie es der Engländer Turner schon vor ihnen versucht hatte. Später jedoch änderte sich ihr Schaffen, besonders deutlich bei Monet, und wurde zum Ausdruck der neuen Denkweise.

Van Gogh und Gauguin

Drei Männer ragen aus allen anderen heraus: Der Holländer van Gogh und die Franzosen Gauguin und Cézanne. Sie sind die drei Säulen der modernen Kunst. Jeder von ihnen versuchte, in seiner Kunst ein Allgemeines zu finden, wie es einige Jahrhunderte zuvor Leonardo da Vinci[1] angestrebt hatte. Was der Philosoph im Bereich des gesamten Universums versuchte, darum bemühten sie sich nun in ihrem abgegrenzten Raum, auf ihrer Leinwand. Als sie merkten, daß sie die Linie der Verzweiflung überschritten hatten, begannen sie verzweifelt nach einem Allgemeinen zu suchen, das ihnen die ganze Wirklichkeit erschließen und die bloßen Einzelheiten überwinden sollte. Sie versuchten, ein Gleichgewicht von Form und Freiheit darzustellen, das für den ganzen Bereich ihrer Disziplin, der Kunst, Gültigkeit hätte.

Betrachten wir zuerst van Gogh (1853–1890). Man behauptet oft, er habe Selbstmord begangen, weil er geisteskrank gewesen sei oder weil Gauguin ihm die Frau weggenommen habe, die er liebte. Diese Faktoren haben vielleicht dazu beigetragen, aber letztlich ist sein Selbstmord auf ein grundlegenderes Problem zurückzuführen. Es mag psychologische Spannungen dieser Art gegeben haben, aber der endgültige Kurzschluß wurde durch die Desillusionierung in einer weit fundamentaleren Frage hervorgerufen. Van Gogh wollte eine neue Religion gründen, in der die feinfühlig veranlagten Menschen, die Künstler, den Weg wiesen. Als Kernzelle sollte eine Künstlergemeinschaft dienen, die er in seinem Wohnort Arles ins Leben rufen wollte. Gauguin unterstützte diesen Plan und schloß sich ihm an, doch schon nach wenigen Monaten brach ein heftiger Streit zwischen den beiden aus. Van Gogh mußte die Hoffnung auf seine neue Religion aufgeben, und bald darauf beging er Selbstmord. In ihm war die Hoffnung auf den Menschen erstorben, und so starb auch er in Verzweiflung.

Dasselbe beobachten wir bei Gauguin (1848–1903). Auch er suchte nach einem Allgemeinen. Er ging nach Tahiti, wo er sein Ideal des »edlen Wilden« verfocht. Darunter verstand er die Rückkehr zum Primitiven, dem Ursprünglichen, und hier hoffte er, die Zeit zurückdrehen zu können und das Allgemeine zu finden. Gauguin begann die Schönheit der dortigen Frauen zu malen. Eine Zeitlang meinte er, er habe den Verlust der Unschuld in der Zivilisation erfolgreich hinter sich gelassen, und das genüge. Sein letztes großartiges Bild zeigt jedoch, zu welcher Folgerung er schließlich gelangte.

Dieses Bild trägt den Titel: *Was? Woher? Wohin?*[2] und hängt heute im Boston Museum of Art. Dieser Titel ist in der linken oberen Ecke des Bildes auf gelben Grund aufgemalt, damit keinem Betrachter des Gemäldes seine Aussage entgeht. In einem Brief[3] schreibt er, man müsse dieses Bild – im Gegensatz zur üblichen Blickrichtung – von rechts nach links betrachten. Wenden wir uns also zunächst der rechten Bildhälfte zu, so finden wir dieselbe Art von Schönheit wie auf seinen anderen Gemälden – dieselbe exotische Symbolik, dasselbe Ansprechen des Sinnlichen nach dem Konzept des »edlen Wilden«. Gleitet unser Blick jedoch zur linken Seite der Leinwand hinüber, werden wir in eine völlig andere Welt geführt. Gauguin begann seine Arbeit an diesem Bild 1897 und vollendete es 1898. Er selbst führte darüber aus: »Ich habe ein philosophisches Werk über dieses Thema geschaffen, das dem Evangelium vergleichbar ist ... Eine Figur reckt ihre Arme in die Luft und blickt erstaunt auf die beiden Figuren, die über ihr Schicksal nachzudenken wagen.« Er fährt dann fort:

»Wohin? Kurz vor dem Tod einer alten Frau sagt ein fremdartiger, törichter Vogel: Was?... Das ewige Problem, das unseren Stolz bestraft. O Leid, du bist mein Herr, Schicksal, wie grausam bist du; und immer wieder besiegt, sträube ich mich doch.«[4] Auf dieser linken Bildhälfte sind drei Figuren zu sehen. Einmal eine junge tahitische Frau in all ihrer Schönheit. Neben ihr liegt eine arme alte Frau im Sterben, nur von einem gräßlichen Vogel beobachtet, der in der Natur nicht vorkommt. Als Gauguin dieses Bild vollendet hatte, versuchte auch er Selbstmord zu begehen, was ihm allerdings nicht gelang.

Beide Männer hatten versucht, ein humanistisches Allgemeines zu finden. Da ihnen das völlig mißlang, gerieten sie unter die Linie der Verzweiflung.

Cézanne und Picasso

Cézanne (1839–1906) versuchte, das Allgemeine in den geometrischen Grundformen zu finden. Viele seiner Landschaftsbilder erinnern an eine straff über geometrische Figuren gespannte Membrane. Tragische Verwicklungen sind ihm wohl erspart geblieben, und soweit ich feststellen konnte, starb er, ohne je den Schritt über die Linie zu tun.

Aber ein anderer führte seinen Ansatz fort. Picasso (geb. 1881) sah die Werke Cézannes in den großen Ausstellungen seiner Gemälde in Paris (1905 und 1907) und diskutierte im Hause von Gertrude Stein, dem Treffpunkt vieler Maler, die ihnen zugrunde liegenden Probleme.

Picasso vereinigte Gauguins Ideal des edlen Wilden und die geometrische Form Cézannes mit Elementen der afrikanischen Maskenbilder, die zu eben jener Zeit in Paris bekannt geworden waren, und entwickelte zwischen 1906 und 1911 jene Stilform, die unter dem Namen Kubismus bekannt wurde. An dem großen 1906 bis 1907 geschaffenen Werk »Les demoiselles d'Avignon« (heute im Museum of Modern Art, New York) läßt sich diese Entwicklung nachweisen. Die Frauen auf der linken Bildhälfte gleichen denen seiner früheren Periode, zeigen aber bereits in ihrer übersteigerten Form Cézannes Einfluß. Auf der rechten Seite stellen wir jedoch fest, daß aus den Frauen dämonische Wesen und Symbole geworden sind wie bei den afrikanischen Masken. Ihre Menschlichkeit ist verlorengegangen.

Picasso ging aber noch weiter. Im Gegensatz zu Malern wie Renoir, der seine Frau erkennbar darstellte (d. h., sein Gegenstand war ein konkretes Besonderes), versuchte Picasso, das Allgemeine auf die Leinwand bannen. Je mehr er die Abstraktion vorantreibt, desto weniger ist zu erkennen, ob seine Frauen blond oder brünett sind. Er bewegt sich zum Allgemeinen hin, entfernt sich also vom Besonderen. Und wenn man diesen Weg konsequent weitergeht, dann kann aus diesen abstrakten Frauen der »Inbegriff der Frauen« oder überhaupt alles werden. An diesem Punkt angelangt, stößt man jedoch auf die Schwierigkeit, daß der Betrachter keinen Anhaltspunkt hat, was er eigentlich sieht. Der Künstler hat auf der Leinwand seine eigene Welt geschaffen, und in diesem Sinn ist er ein Gott geworden. Zugleich aber hat er den Kontakt mit dem Betrachter seines Bildes verloren — er kann sich nicht mehr mitteilen. Das Problem des modernen Menschen — der Verlust der Kommunikation und die Entfremdung — kam nicht erst mit dem Computer und der Kybernetik auf. Der moderne Mensch Picasso offenbarte es bereits zu jener Zeit in seiner Kunst.

Er »löste« sein Problem durch einen romantischen Sprung. Eines Tages verliebte er sich, und aufgrund dieser Liebe schrieb er auf seine Leinwand »J'aime Eva« (ich liebe Eva). Das Bild hätte alles Mögliche, einen Stuhl oder irgendeinen anderen abstrahierten Gegenstand darstellen können. Aber mit Hilfe der auf die Leinwand geschriebenen Worte war der Maler plötzlich wieder in Verbindung mit dem Betrachter. Diese Kommunikation hat jedoch keinerlei logische Beziehung zum Inhalt seines Bildes. Picassos Versuch ist mißlungen: seine logisch zu Ende geführte Abstraktion nahm ihm jede Möglichkeit zur Kommunikation. Was ihm nach seiner eigenen Weltanschauung noch bleibt, ist ein Sprung.

Das ist der moderne Mensch. Von diesem Wahrheitsverständnis sind wir umgeben. Dies ist der Geist der Welt, zu dem wir »nein« sagen müssen, in welcher Gestalt er uns auch begegnet (selbst in theologischer Aufmachung). Genau das macht die Kluft zwischen der vorigen Generation und der unseren so tief — zu einem Abgrund von vierhundert Jahren; diese Kluft ist tiefer als die zwischen unseren Vätern und der Renaissance. Tragisch ist einmal, daß diese begabten Künstler am Punkt der Verzweiflung angelangt sind, zum anderen, daß so viele ihre Werke sehen und bewundern, ohne das zu erkennen. Sie werden von der zugrunde liegenden Denkströmung beeinflußt, ohne sich über die Folgen klar zu sein.

Mondrian

Mondrian (1872–1944) griff Picassos künstlerischen Standpunkt auf und entwickelte dessen Stil bis zum extremen Abschluß weiter. Mondrians waagerechte und senkrechte Linien sind schön, ja großartig, und haben als praktische Gebrauchsformen Eingang in die Architektur gefunden. Für ihn selbst jedoch waren sie mehr als horizontale und vertikale Linien, denn auch er suchte nach einem Allgemeinen.

Eines Tages besuchte ich das Kunsthaus in Zürich, das eine große Sammlung moderner Malerei besitzt. In einem der Räume blieb ich bestürzt stehen, denn dort hing ein eingerahmter Mondrian. Mondrian hatte seine Bilder nie mit einem Rahmen versehen. So ging ich ins Verwaltungsbüro und fragte den Direktor, ob das Bild von Mondrian mit Rahmen geliefert worden sei. Die Antwort lautete: »Nein, den haben wir selbst dafür angefertigt.« So sagte ich: »Aber das geht doch nicht! Wenn Mondrian hier hereinkäme, würde er das Bild herunterreißen und an der Wand zerschmettern.« Dieser Gedanke war ihm wohl noch nie gekommen. Dieser Mann schien das Bild in seinem eigenen Museum nicht zu verstehen, schien nicht zu begreifen, daß Mondrians Ziel die Gestaltung eines Allgemeinen war.

Mondrian malte seine Bilder und hängte sie an die Wand. Sie waren ohne Rahmen, um nicht wie Löcher in der Wand auszusehen. Da die Bilder nicht mit dem Zimmer harmonierten, mußte er das Zimmer umgestalten lassen. So ließ Mondrian besonderes Mobiliar für sich anfertigen, vorwiegend durch Rietveld, ein Mitglied von De Stijl, und Van der Leck. In der Ausstellung »De Stijl«, die von Juli bis September 1951 im Stedelijk Museum von Amsterdam stattfand, war das alles zu sehen. Der Besucher, der von einem Balkon aus in das Zimmer blickte, mußte einfach die Harmonie von Zimmer und Mobiliar bewundern, wie sich ja auch Mondrians einzelne Bilder durch eine wohltuende Ausgewogenheit auszeichnen. Sobald aber ein Mensch diesen Raum betrat, war die Harmonie zerstört. Hier ist Raum für ein abstraktes Gleichgewicht, nicht aber für den Menschen. Zu diesem Ergebnis ist der moderne Mensch unterhalb der Linie der Verzweiflung gelangt. Er hat versucht, von sich selbst ausgehend ein philosophisches System aufzubauen. Aber dieses System hat den Menschen aus der Welt verdrängt. Es ist kein Raum mehr für ihn da.

Dada, Marcel Duchamp, die »Happenings« und die »Environments«

In der letzten Nummer der Zeitschrift *De Stijl*[5], die von der De Stijl-Schule der Malerei herausgegeben wurde, zu der Mondrian enge Beziehungen hatte, erschien ein Gedicht von Hans Arp (1887–1965), einem Mitglied der ursprünglichen Dada-Gruppe:

ins bodenlose
den kopf nach unten
die beine nach oben
stürzt er ins bodenlose
dorthin woher er gekommen ist

er hat keine ehre mehr im leibe
beißt keinen biß mehr in einen imbiß
erwidert keinen gruß
und hält nicht an selbst wenn man ihn anbetet

den kopf nach unten
die beine nach oben
stürzt er ins bodenlose
dorthin woher er gekommen ist

wie eine behaarte schüssel
wie ein vierbeiniger säugestuhl
wie ein tauber echostamm
halb voll halb leer

den kopf nach unten
die beine nach oben
stürzt er ins bodenlose
dorthin woher er gekommen ist

Die Denkmethodik des modernen Menschen – ob sie sich in der Philosophie, der Kunst, der Literatur oder in der Theologie äußert – kann nur dahin führen, daß der Mensch ins Bodenlose stürzt.

Der Dadaismus bewegt sich auf dem Boden des Zufalls. Selbst der Name »Dada« beruht auf Zufall. In Zürich durchblätterten eines Tages ein paar Leute ein französisches Wörterbuch. Dann deuteten sie mit dem Finger auf eine beliebige Zeile, und dort stand dieses Wort »Dada« (»Schaukelpferd«). So wurde der Name ihrer neuen Kunstrichtung durch blinden Zufall bestimmt.

Ähnlich verfaßten sie ihre Gedichte. Sie schnitten Wörter aus einer Zeitung, warfen sie in einen Hut und holten sie in zufälliger Folge heraus – und das taten diese Männer nicht zum Zeitvertreib, sondern sie verfolgten darin ein ernst zu nehmendes Anliegen.

Marcel Duchamp (1887–1969) war einer dieser Männer, und jeder Christ sollte von ihm wissen. Er ist sozusagen der Hohepriester der Zerstörung. Am bekanntesten ist sein Bild *»Nackte, die eine Treppe hinuntergeht«*, das sich heute im Kunstmuseum in Philadelphia befindet. Duchamp ist genial und zerstörerisch zugleich – und er will zerstören. Er will die Menschen von innen her zersetzen. Die beste Sammlung seiner Arbeiten befindet sich in Philadelphia. Im Museum of Modern Art in New York hängt sein Bild *»Le passage de la vierge à la mariée«* (der Titel steht auf der Leinwand und bedeutet: »Der Übergang von der Jungfrau zum Ehestand«). Natürlich sucht jeder Betrachter, Mann oder Frau, etwas in dem Bild, das den Titel rechtfertigt. Aber wie lange er auch hinsehen mag, er findet weder das Bild einer Jungfrau noch das einer Jungfrau, die zur Ehefrau wird. Der Maler hat jedoch die Phantasie des Betrachters angeregt und beschmutzt.

Duchamp ist auch derjenige, der um 1960 die *Happenings* und dann, darüber hinausgehend, die *Environments* ins Leben rief. Die *Happenings* begannen in New York. Obwohl Amerika zur Zeit der Armory Show von 1913 noch sehr gemäßigt war, spielt es heute in der modernen Kunst und auf anderen Gebieten unterhalb der Linie der Verzweiflung eine führende Rolle.

Bei den *Happenings* wird der Zuschauer gewissermaßen in die Szene miteinbezogen. Er sieht dem Schauspiel zu und wird als Beobachter gleichzeitig zur Teilnahme gezwungen. Stets ist darin ein Nonsens-Element vorhanden und meistens auch eine schmutzige Handlung. Immer wird der Zuschauer in das Geschehen hineingezogen und vorsätzlich zerstört.

Die eigentliche Botschaft der *Happenings* lautet: Alles ist Zufall. Der Zufall, die Nichtigkeit, läßt sich nicht im Rahmen eines Bildes fassen, sondern ist die eigentliche Struktur des Lebens. Der Zuschauer selbst schwebt haltlos im Zufall, in der Nichtigkeit, und wird zerstört.

Ein gutes Beispiel für die *Environments* (Umwelt- oder Umgebungsgestaltung) bildeten einige Räume der Kunstausstellung *Kunst Null* im Stedelijk Museum in Amsterdam im Sommer 1965. Es war die bedeutendste europäische Kunstausstellung jener Zeit. Der Besucher betrat die Räume der Galerie und befand sich inmitten verschiedenartigster Gegenstände. Aber er betrachtete nicht einzelne Objekte, sondern wurde unterschwellig vom Gesamteindruck ergriffen. Fast gegen seinen Willen wurde er in die Atmosphäre des Raumes hineingezogen. Ich beobachtete junge Paare, die durch die Ausstellungsräume schlenderten, ohne zu verstehen, was sie sahen. Ich war jedoch überzeugt, daß sie nach ihrem Besuch durch den Einfluß der gesamten Atmosphäre in ihrer moralischen Widerstandskraft geschwächt waren. Der Angriff zielte nicht auf den Verstand, sondern eine tiefere Schicht, und obwohl das Mädchen das Gesehene vielleicht gar nicht bewußt verarbeitete, war es gewiß am Ende viel eher bereit, seinem Partner nachzugeben.

In diesem Zusammenhang ist bemerkenswert, daß die Führer der *Provos*, einer anarchistischen Bewegung in Amsterdam, von der die Weltpresse in den Jahren 1966 und 67 berichtete, ihre Bewegung als die logische Konsequenz der Ausstellungen der letzten fünfzehn Jahre im Stedelijk Museum bezeichnen. Interessanterweise nennen sie ihre Demonstrationen *Happenings*.

In diesen Bildern, diesen Geschichten und diesen Demonstrationen vernehmen wir den Aufschrei von Menschen, die mit ihrer entsetzlichen Verlorenheit ringen. Dürfen wir darüber lachen? Dürfen wir uns überlegen fühlen, wenn wir den Ausdruck der Qual in ihrer Kunst sehen? Die Christen sollten aufhören, darüber zu lachen, sollten statt dessen solche Menschen ernst nehmen. Dann erst haben wir das Recht, wieder zu unserer Generation zu sprechen. Diese Menschen leben unter Todesqualen, wo aber bleibt unser Mitgefühl? Es gibt nichts Häßlicheres als eine erstarrte Rechtgläubigkeit ohne Verständnis und ohne Mitgefühl.

4. Kapitel

Dritte und vierte Stufe - Musik und allgemeines Kulturleben

Wie die Philosophie und die darstellende Kunst die Linie der Verzweiflung überschritten haben, so auch die Musik. Debussy (1862–1918) steht an der Schwelle. In der Musik lassen sich die Stufen nicht so leicht aufzeigen wie in der gegenständlichen Kunst, doch gibt es Parallelen. Es ist schwerer, weil Musik naturgemäß viel stärker vom persönlichen Empfinden her beurteilt wird. Trotzdem tritt die allgemeine Entwicklung von Debussy bis heute recht klar zu Tage.

Eine eingehende Untersuchung, für die uns hier der Raum fehlt, müßte sich nicht nur auf klassische Musik, sondern auch auf den Jazz erstrecken. Wir müßten den Wandel von Form und Inhalt in den 20er und 30er Jahre untersuchen, als der Jazz in die Kultur des weißen Mannes eindrang, und zeigen, wie die Jazzmusik der 40er Jahre zur Verzweiflung bei einem großen Teil des modernen Jazz führte.[1]

Wir wollen unsere Aufmerksamkeit jedoch auf die Musik richten, die mehr in der klassischen Tradition steht. Einige Beispiele mögen für das Ganze genügen. Einzelheiten ließen sich wohl unterschiedlich beurteilen, aber die Gesamtrichtung der Bewegung ist eindeutig. In einem späteren Kapitel werde ich mich mit der Musik von John Cage befassen. Hier wollen wir besonders die Musique Concrète betrachten.

Musique Concrète

Diese wurden von Pierre Schaeffer (geb. 1910) in Paris entwikkelt. Musique Concrète ist keine elektronische Musik, d. h. Musik, die elektronisch und nicht aus normalen Tönen erzeugt wird. Musique Concrète besteht aus ursprünglich natürlichen, aber völlig verzerrten Klängen. Anfänglich wurden sie durch Überspringen der Rillen auf einer Schallplatte hervorgebracht. Später konstruierte Pierre Schaeffer eine Maschine, mit der sich die Verzerrungen genau steuern lassen. Mit dieser Maschine kann er eine Schallquelle herausheben und ihre Frequenz zerteilen, umkehren, verlangsamen oder beschleunigen und in jeder nur denkbaren Weise verändern. Wer das Ergebnis hört, traut seinen Ohren nicht, wie in der Op Art oft den Augen nicht mehr zu trauen ist. Die Wirkung ist überwältigend. Die Botschaft dieser Klangverzerrung ist dieselbe wie die der modernen Malerei. Alles ist relativ, nichts ist gewiß, nichts ist fest, alles ist im Fluß. Musique Concrète ist lediglich ein weiterer Ausdruck der gleichbleibenden Botschaft des modernen Menschen.

Die UNESCO hat eine Schallplatte mit dem Titel *Premier panorama de Musique Concrète*[2] *herausgegeben, ein Musterbeispiel* vom Schaffen dieser Komponisten, darunter eine Auswahl aus Werken von Pierre Henry, einem Freund Schaeffers.

Henry benützt eine menschliche Stimme, die Griechisch spricht. Natürlich paßt das Griechische in diesen Zusammenhang, denn es repräsentiert unsere westliche Kultur. Die Sprache wächst aus zunächst zufällig aneinandergereihten Lauten zusammen und spiegelt so die Einstellung des modernen Menschen, wonach der Mensch als sprechendes Wesen zufällig in einem vom Zufall regierten Universum entstanden ist und eine nur vom Zufall bestimmte Zukunft vor sich hat. Henry stellt dies schonungslos in Klangform dar. Dann beginnt plötzlich etwas anderes: Die Stimme degeneriert und zerfällt. Es ist, als sähen wir eine schöne Frau sterben und vor unseren Augen verwesen. Aber in diesem Fall zersetzt sich nicht nur der Körper, sondern der ganze Mensch. Die Stimme beginnt zu zittern, zu verschwimmen, zu zerfallen. Am Anfang standen zufällige Laute, aus denen sich die griechische Sprache entwickelte, und am Ende – das Chaos. *Hier endet die Straße, wenn die Antithese stirbt, wenn der Relativismus geboren und die Möglichkeit geleugnet wird, das Allgemeine zu finden, das den Einzeldingen einen Sinn geben könnte.* Dies ist die vorherrschende Meinung in der uns umgebenden Kultur, der Weltgeist, den wir ablehnen und dem wir unsere Botschaft entgegenstellen müssen.

Henry Miller

Mit diesem amerikanischen Romanschriftsteller (geb. 1891) beginnen wir die Betrachtung der vierten Stufe der Linie der Verzweiflung, die ich als »allgemeines Kulturleben« bezeichnet habe. Sie ließe sich wiederum in mehrere Stufen aufgliedern, doch ist es zweckdienlich, die verschiedenen Bereiche in einer Gruppe zusammenzufassen.

Junge Menschen behaupten oft, das Werk von Henry Miller sei keine Pornographie, sondern eine philosophische Bilanz. Manche Eltern haben mich gefragt, ob ich diese Meinung teile. Darauf antworte ich: »Ja, Ihr Kind hat recht. Gewiß sind es schmutzige Bücher, und doch wollen sie mehr als bloße Pornographie sein. Miller ist ein Anti-Gesetz-Schriftsteller. Er haut alles in Stücke, bis nichts mehr übrigbleibt, und verschont dabei auch das Sexuelle nicht. Das ist besonders verheerend, weil viele Menschen wenigstens im sexuellen Lebensbereich noch irgendeinen sinnvollen Inhalt zu finden hoffen, wenn sie auch auf anderen Gebieten die Suche bereits aufgegeben haben.«

Nicht nur bei Miller, sondern auch bei anderen modernen Schriftstellern können wir die Folge dieser Haltung daran ermessen, welche Stellung sie in ihren Büchern dem Mädchen einräumen. Aus der Spielgefährtin wird das Spielzeug, und bald sind wir wieder bei dem Marquis de Sade. (Über den neuen Henry Miller werde ich weiter unten noch sprechen.)

Homosexualität als Philosophie

Gewisse Formen der heutigen Homosexualität sind ebenfalls Ausdruck einer philosophischen Haltung und nicht »einfach Homosexualität«. Für die Not des echten Homophilen müssen wir Verständnis haben. Oft aber bekundet sich in der modernen Homosexualität nur die heute übliche Ablehnung der Antithese. Hier hat sie zur Verwischung der Unterscheidung zwischen Mann und Frau geführt – Mann und Frau werden nicht mehr als einander ergänzende Partner betrachtet. Diese Art der Homosexualität gehört zu der Strömung unterhalb der Linie der Verzweiflung. Aber es ist kein isoliertes Problem, sondern ein Teil des Weltgeistes unserer Generation. Christen müssen unbedingt die Konsequenzen kennen, die aus der Preisgabe aller absoluten Normen gezogen werden.

John Osborne

Auf dem Gebiet des Dramas, einem weiteren Bereich des allgemeinen Kulturlebens, ist John Osborne (geb. 1929), einer der sogenannten »zornigen jungen Männer«, besonders aufschlußreich. In vieler Hinsicht ist er ein hervorragender Dramatiker, besonders treffend aber wurde er beschrieben als »ein Idealist, der kein Ideal finden konnte« — eine großartige Beschreibung! Osborne ist ein temperamentvoller, mutiger und sensibler Mann, ein Mann, der sich mit gesenkter Lanze in die großen Kämpfe des Lebens stürzt. Er hat den Idealismus gewählt, ohne ein Ideal zu haben — ein Mann, der mitfühlt, aber nichts findet, das des Mitgefühls wert wäre. Er hat seine Einstellung mit bemerkenswerter Klarheit in seinem Drama *Luther* zusammengefaßt. Als Geschichtsdrama hat das Stück Schwächen, im großen und ganzen wird jedoch das Leben des frühen Luthers recht genau geschildert. Am Ende des Stücks bricht allerdings unvermittelt Osbornes Lebensauffassung durch: Luther steht auf der Bühne, eines der Kinder auf dem Arm. Der greise Abt seines früheren Klosters besucht ihn; sie stehen einander gegenüber. Der Greis fragt: »Martin, seid Ihr Eurer Sache sicher?«, und Osborne verdreht die geschichtlichen Tatsachen und läßt ihn antworten: »Hoffen wir's« — das Licht geht an, der Vorhang fällt, das Stück ist zu Ende. Der Theaterkritiker der *Times* bewies seinen Scharfblick, als er schrieb: »Ist es nicht interessant, daß er diese letzten Sätze hinzufügen mußte, um daraus ein Stück des zwanzigsten Jahrhunderts zu machen?«

Dylan Thomas

Wenn wir die moderne Lyrik betrachten, die auch ein Teil unserer allgemeinen Kultur ist, so finden wir denselben Hang zur Verzweiflung. Das folgende Gedicht »Es war einer voll Gnaden« (»There was a Saviour«)[3] schrieb Dylan Thomas (1914—1953). Erinnern wir uns beim Lesen daran, daß er ein Mensch ist wie wir — ein Mensch von heute, ein Mensch in tiefster Verzweiflung.

Es war Einer voll Gnaden

Es war Einer voll Gnaden
Seltner als Radium,
Gemeiner als Wasser, grausamer als Wahrheit.
Kinder, verbannt aus der Sonne
Kamen zu seinem Munde
Um den goldenen Ton erschließen zu hören die Klarheit;
Gefangene von Wünschen sperrten ihre Augen
In die schlüssellosen Kerker seiner lächelnden Schweigen.
Er sagt der Kinder Wort

Aus verlorenem Wüstenort,
Es sei Rast zu halten in seiner sicheren Unrast Bereich.
Wenn der hindernde Mensch zuletzt
Mensch, Tier und Vogel verletzte
Duckten wir unsere Ängste in jenem mordenden Hauch,
Zu schweigen, zu schwelgen in Schweigen, wenn die Erde laut wurde rings,
In Horsten und Zufluchtsorten des ungeheuren Schreins.
Da wars ruhmreich zu horchen
In seiner Tränen Kirchen,
Unterm Flaum seines Armes seufztest du wenn er schlug;
O du dessen Träne nicht fiel
Wenn ein Mensch starb am Boden vor dir
Warfst eine Freudenträne in die unirdische Flut
Und deine Wange lag an einer wolkenförmigen Muschel:
Nun bist nur du und ich allein im Dunkel.

Brüder, geschwärzt und stolz, schrein
Winterumklammert zu zwein
Zu diesem gastlichen hohlen Jahr hinauf:
Ach wir die weinten nie
Wenn wir auch hören wie
Habsucht den Nachbar schlug und warf in Brand sein Haus,
Nur klagend nisteten in himmelblauer Wand
Brechen nun Riesentränen um den Sturz den keiner kennt,

Um jener Häuser Legen,
Die nicht unsre Knochen pflegten,
Um Tode Einziger die wir nie erfuhren,
Seht, allein durch unsre Hände
Ziehn mit unsrem Staub nun Fremde
Ein durch unsres unbetretnen Hauses Türen.
Verbannt in uns wecken wir Liebe, sacht,
Ungeballt, seidig-rauh, waffenlos, die alle Felsen bricht.

In der Festival Hall in London steht eine Bronzestatue von Dylan Thomas. Nur ein völlig gefühlloser Mensch kann sie ansehen, ohne Mitleid zu empfinden. Da schaut er uns an, eine Zigarette im Mundwinkel – die personifizierte Verzweiflung. Wir dürfen einen solchen Menschen nicht einfach verurteilen und an ihm vorbeigehen, als hätten wir keine Verantwortung für ihn!

Hier ist ein feinfühliger Mensch, der aus der Finsternis aufschreit. Hier geht es nicht nur um Emotionen – diese Menschen produzieren keine Kunst um der Kunst willen, keine Gefühle um der Gefühle willen. Sie vermitteln eine ernst zu nehmende Botschaft, die ihrer Weltanschauung entspringt.

Durch viele Medien wird der Mensch heute als Mensch zerstört. Sie alle sagen dasselbe aus: keine Wahrheit, keine moralischen Maßstäbe. Unter den Einfluß dieser Botschaft gelangen wir nicht nur in Kunstausstellungen oder durch die moderne Musik, auch die Massenmedien wie Film und Fernsehen treiben uns in dieselbe Richtung.

Der moderne Film, die Massenmedien und »The Beatles«

Üblicherweise teilen wir Film- und Fernsehprogramme in zwei Klassen ein – gut und schlecht. Wenn wir hier von »gut« sprechen, meinen wir damit »technisch gut« und nicht ihren moralischen Wert; unter »guten« Filmen verstehen wir also die ernst zu nehmenden, die künstlerisch anspruchsvollen Filme, die Filme mit einer guten Aufnahmetechnik. Die »schlechten« wollen dem Zuschauer zu einer romantischen Flucht aus der Wirklichkeit verhelfen oder ihn lediglich zerstreuen. Untersuchen wir diese beiden Klassen jedoch genauer, stellen wir fest, daß die »guten« Filme in Wirklichkeit die schlimmsten sind. Der Unterhaltungsfilm mag in mancherlei Hinsicht schrecklich sein, aber die »guten« Filme der letzten Jahre sind fast ausnahmslos von Männern geschaffen worden, die die moderne Philosophie der Sinnlosigkeit vertreten. Hier soll nicht die Integrität dieser Männer bestritten, sondern lediglich festgestellt werden, daß sie ihre Filme als Werkzeuge benutzen, um ihre Weltanschauung zu propagieren.

Vier moderne Filmproduzenten ragen aus allen übrigen heraus: die Italiener Fellini und Antonioni, der Engländer Slessinger und der Schwede Bergman. Bergman hat wohl – zumindest in der Vergangenheit – die Verzweiflung unserer Generation am deutlichsten dargestellt. Er habe, so erklärte er, in der Reihe seiner Filme, d. h. in seinem Gesamtwerk und nicht nur im einzelnen Film, eine Entwicklung vorangetrieben, mit der er den Existentialismus propagieren wolle.

Seine existentialistische Filmreihe führt hin bis zu *Das Schweigen.* Dieser Streifen bricht mit dem Existentialismus und verkündet völligen Nihilismus. Hier kann der Mensch nicht einmal mehr hoffen, sich durch einen Willensakt selbst zu verwirklichen. *Das Schweigen* bildet eine Serie von Momentaufnahmen mit unmoralischem und pornographischem Inhalt. Die Kamera photographiert einfach, ohne Kommentar – »Klick, klick, klick, Schnitt« – das ist alles. So ist das Leben: beziehungslos, sinnlos, ohne moralische Werte.

Nebenbei sei bemerkt, daß Bergmans Art der Darstellung in *Das Schweigen* verwandt ist mit den amerikanischen *Black Writers* (nihilistischen Schriftstellern), mit dem Antiroman und mit Capotes *Kaltblütig*. Auch dort werden einfach Momentaufnahmen aneinandergereiht, ohne den Sinn oder moralischen Wert zu kommentieren.

Solche Schriftsteller und Programmleiter beherrschen heute die Massenmedien, und so bedrängt uns die monolithische Weltanschauung dieses Zeitalters von allen Seiten. Die Plakate, mit denen Antonionis *Blow-up* angekündigt wurde, schrien die Botschaft dieses Films heraus: »Mord ohne Schuld – Liebe ohne Sinn.« Die meisten Leute mögen nie eine Kunstausstellung besuchen, nie ein anspruchsvolles Buch lesen. Wollten wir ihnen die Zielrichtung des modernen Denkens erklären, würden sie uns vielleicht nicht verstehen, und doch werden sie von dem, was sie hören und sehen, beeinflußt – auch vom Film und vom »guten«, realistischen Fernsehspiel.

Die Art, in der diese Auffassungen in die Massen hineingetragen werden, läßt sich nirgendwo deutlicher aufweisen als in der Pop-Musik und ganz besonders im Werk der *Beatles*. Die *Beatles* haben verschiedene Entwicklungsstufen durchlaufen, darunter eine Drogenphase mit dem Vorstoß ins Gebiet der psychedelischen Musik. Sie begann mit ihren Schallplatten *Revolver*[4], *Strawberry Fields Forever* und *Penny Lane*[5]. Sehr geschickt wurde sie in *Sergeant Pepper's Lonely Hearts Club Band*[6] weiterentwickelt, wo psychedelische Musik in Verbindung mit unverhüllten Hinweisen auf Drogen bewußt als religiöse Antwort präsentiert wird. Diese »Religion« ist vom selben vagen Pantheismus geprägt, der heute das neue mystische Denken weitgehend beherrscht. Man wird also in der Tat vom modernen monolithischen Denken beeinflußt, selbst wenn man es nicht klar durchschaut. *Sergeant Pepper's Lonely Hearts Club Band* ist ein eindrucksvolles Beispiel für die Manipulation kraft der neuen Form der »totalen Kunst«. Dieses Konzept der totalen Kunst kann deshalb den Menschen so stark durchdringen, weil die technischen Mittel (die Form) genau auf die vermittelte Botschaft abgestimmt werden. Es findet sich im Absurden Theater, im nach Marshal McLuhan gestalteten Programm des Fernsehens, im neuen Film, dem modernen Tanz und der neuen Musik, die an John Cage anknüpft. Die Beatles wenden es im *Sergeant Pepper's Lonely Hearts Club Band* an: Die ganze Platte bildet eine Einheit, soll als Einheit gehört werden, nicht als Abfolge einzelner Stücke, und hat so eine große Durchschlagskraft. Auf dieser Platte bilden die Worte, die Syntax, die Musik und das einheitliche Arrangement der einzelnen Songs eine geballte Ladung, deren Einfluß sich niemand entziehen kann.

5. Kapitel

Das einende Element in den Stufen der Verzweiflung

Die Linie der Verzweiflung ist ein zusammenhängendes Ganzes, und die Stufen dieser Linie weisen unterscheidende wie einende Merkmale auf. Seit Hegel und Kierkegaard hat der Mensch das Konzept eines rationalen, einheitlichen Erkenntnisfeldes aufgegeben und statt dessen auf den Gebieten, die den Menschen zum Menschen machen, die Vorstellung des irrationalen Sprungs übernommen — von dort her geht er die Sinnfrage, die Liebe, die Moral etc. an. Mehr noch — die Linie der Verzweiflung geht ursprünglich auf diesen Sprung zurück.

Die verschiedenen Stufen der Linie — Philosophie, Kunst, Musik, Theater etc. — unterscheiden sich in Einzelheiten, die zwar interessant und wichtig, in gewisser Hinsicht aber zweitrangig sind. Das geistige und kulturelle Klima des zwanzigsten Jahrhunderts ist nicht von diesen Unterschieden geprägt, sondern von dem ihnen allen zugrunde liegenden Konzept — dem Konzept eines zweigeteilten Erkenntnisfeldes.

Ob es in den Symbolen der Malerei, der Dichtung oder der Theologie ausgedrückt wird, ist nebensächlich. Die entscheidende Frage ist nicht, in welche Symbole diese Ideen eingekleidet werden (etwa in die Worte der Existenzphilosophie oder in die Klänge der *musique concrète*), entscheidend ist vielmehr das dahinterliegende Wahrheitsverständnis und die Methode der Wahrheitsfindung. *Das Kennzeichen unseres Jahrhunderts ist die neue Art, von Wahrheit zu reden und die Wahrheit zu finden, nicht die Form, in der diese Ideen in den einzelnen Disziplinen ausgedrückt werden.*

Léopold Sédar Senghor (geb. 1906), der Präsident von Senegal, dürfte wohl heute der einzige wirklich intellektuelle Regierungschef der Welt sein. Er studierte in Frankreich. Drei politische Reden, die er vor Gruppen in seinem Land hielt, sind in seinem Buch *Über afrikanischen Sozialismus*[1] zusammengefaßt. Daneben hat er viele großartige Gedichte verfaßt, die teilweise ins Deutsche übersetzt worden sind.[2]

Als ich seine Reden las, war ich tief bewegt. Würde jemand bei uns im Westen diese Reden halten, so könnten nur wenige Christen ihre Tragweite ermessen. Die Tatsache, daß Senghor Afrikaner ist, beweist die Notwendigkeit, unsere Missionare anders als bisher auszubilden, weil sich das Problem der Kommunikation heute über die europäischen und amerikanischen Hochschulen hinaus auf die Gebiete erstreckt, die wir bisher als »Missionsfeld« bezeichnet haben. Das Problem der Verständigung endet nicht an unserer Haustür. Die neue Denkweise ist unter allen gebildeten Menschen an allen Orten verbreitet.

In seinen Reden über afrikanischen Sozialismus erweist sich Senghor als hervorragender Kenner der Probleme unserer Zeit. Er zeigt, daß heute auf beiden Seiten des eisernen Vorhanges dieselbe Denkmethodik vorherrscht. Überzeugend zeichnet er die Entwicklung vom klassischen Konzept der Logik (»A« ist nicht »Nicht-A«) bis hin zur Hegelschen Methodik der Synthese, die dem heutigen Denken weitgehend zugrunde liegt.

Zu Recht stellt er fest, im Mittelpunkt der von Marx und Engels entworfenen Form des Kommunismus habe ursprünglich das Wohl des einzelnen gestanden, und das habe der Bewegung ihre Stoßkraft gegeben. Natürlich erkennen wir, daß später – als sich der Kommunismus seinen Denkvoraussetzungen gemäß weiterentwickelte – der Mensch im kommunistischen Staat abgewertet wurde. (Die Marx-Engelssche Form des Kommunismus ist gewissermaßen eine christliche Sekte. Außer dem Christentum hat keine Religion der Welt ein wirkliches Interesse am einzelnen hervorgebracht. Der *idealistische* Kommunismus hätte niemals auf dem Boden des Buddhismus, Hinduismus oder Islam wachsen können, denn in ihnen herrscht zu wenig Interesse am Individuum.) Allein dieses Interesse des Kommunismus am Menschen fesselte die idealistischen Kommunisten. Aber, wie schon gesagt, echte Fürsorge für die Belange des Menschen *als Individuum* entspringt dem biblischen Christentum. Wenn das stimmt, wieso verlieren wir dann unsere Stoßkraft? Das dürfte weitgehend daran liegen, daß wir nicht überzeugend verkündet haben, was wir glauben: daß der Mensch als Geschöpf des Gottes, der wirklich da ist, ein wunderbares Wesen ist. – Aber wenden wir uns wieder Senghor zu.

Er behauptet, man dürfe den Marxismus nicht in erster Linie als eine Wirtschaftstheorie verstehen. Ebensowenig stehe der Atheismus im Mittelpunkt. Der Marxismus sei zwar atheistisch, aber das mache nicht seinen Kern aus. Wer den Marxismus wirklich verstehen wolle, der müsse seinen Grund erkennen: die dialektische Denkmethodik.

Senghor führt weiter aus, er und Senegal könnten weder die marxistische Wirtschaftstheorie völlig übernehmen, noch den Atheismus akzeptieren. Festhalten würden sie jedoch an der dialektischen Methode und darin dem Beispiel von Teilhard de Chardin[3] folgen. Mit anderen Worten: Senghor hat erkannt, daß zwischen der dialektischen Methode von Marx und der von Teilhard de Chardin kein grundsätzlicher Unterschied besteht.[4] Er hat durchschaut, daß, was die Denkmethodik betrifft, beide auf derselben Seite stehen. Daß Teilhard de Chardin das Wort »Gott« gebraucht und Marx nicht, spielt keine Rolle, denn ohne Definition seines Inhalts ist das Wort selbst bedeutungslos. Entscheidend ist, daß beide die dialektische Methode benutzen.

Wenn wir das Jahrhundert, in dem wir leben, verstehen wollen, müssen wir uns darüber klar werden, daß nicht die äußere Form der Dialektik der eigentliche Feind ist, nicht die Frage, ob sie theistisch oder atheistisch auftritt. Der wirkliche Feind ist nicht die zufällige Erscheinungsform, sondern die dialektische Methode selbst.

Der Romantizismus ist tot – Die Chance des Christentums, wenn es an der Antithese festhält

In einer Hinsicht können sich die Christen freuen, daß sich so viele Menschen ihrer Position unterhalb der Linie der Verzweiflung bewußt sind. So brauchen sie nämlich im Gespräch mit ihnen nicht erst alle möglichen optimistischen Antworten zu entkräften, die der Wirklichkeit und jeder logischen Basis widersprechen. Denn das Christentum ist nicht romantisch, es ist realistisch.

Es ist realistisch, denn es lehrt, daß es ohne Wahrheit keine Hoffnung und ohne ausreichende Grundlage keine Wahrheit geben kann. Das Christentum legt sich also auf eine Wahrheit fest – mit allen Konsequenzen: Beweist man sie als falsch, müssen die Christen mit Paulus sagen: Wenn ihr den Leichnam Christi findet, dann sind wir am Ende. Dann laßt uns essen und trinken, denn morgen sind wir tot.[5] Der Christ gibt sich nicht mit romantischen, illusionären Antworten zufrieden. Er betrachtet nicht diese mühselige und beladene Welt und behauptet dann, sie hätte eigentlich nur kleine Mängel, wäre ein bißchen angeschlagen, aber das könne man schon wieder zusammenflicken. Nein, das Christentum ist realistisch und sagt, daß die Welt vom Bösen gekennzeichnet und der Mensch auf der ganzen Linie schuldig ist. Es lehnt jene optimistische Hoffnung für die Zukunft ab, die davon ausgeht, daß sich die Menschheit ständig zum Besseren und Höheren hin entwickelt. Der Christ stimmt dem wirklich verzweifelten Menschen zu, daß die Welt auf dem Gebiet des Seins wie auf dem der Moral realistisch betrachtet werden muß.

Das Christentum ist weit von jeder Form des optimistischen Humanismus entfernt. Es unterscheidet sich aber ebenso vom Nihilismus, der zwar realistisch ist, jedoch weder eine richtige Diagnose stellen, noch seine eigenen Leiden sinnvoll behandeln kann. Das Christentum kennt die Krankheit und hat gleichzeitig das Heilmittel zur Verfügung. Der christliche Realismus unterscheidet sich nicht durch eine romantische Weltanschauung vom Nihilismus. Wir sollten froh sein, daß der Romantizismus von gestern tot ist. Dadurch haben wir es in vieler Hinsicht leichter, dem modernen Menschen die christliche Botschaft zu verkünden, als es unsere Väter hatten.

Aber wenn wir auch froh sind, daß die romantischen Antworten überholt sind, wenn wir uns in gewisser Hinsicht über die Tränen eines Dylan Thomas freuen, so sollen wir doch anderseits echt mit unseren Mitmenschen mit-leiden. Das Leben unterhalb der Linie der Verzweiflung ist kein Leben in einem Paradies, weder in einem Narrenparadies, noch in einem anderen Traumland. Ein solches Leben bedeutet, heute schon einen Vorgeschmack der Hölle zu haben. Viele unserer empfindsamen Zeitgenossen sind durch den Zusammenbruch aller romantischen Ideale völlig entblößt und schutzlos geworden. Sollten wir nicht mit ihnen leiden und für sie zu Gott schreien?

In dieser Lage, die geradezu nach der Lösung schreit, die nur das biblisch fundierte Christentum anbieten kann, scheinen wir zu versagen. Dies liegt gewiß nicht an einem Mangel an Gelegenheit: Viele Menschen sind schon auf halbem Weg zum Evangelium, indem sie glauben, daß der Mensch tot ist, tot im Sinne von bedeutungslos. Allein das Christentum kann ihnen den Grund für diese Bedeutungslosigkeit nennen: daß ihre Auflehnung sie von dem Gott getrennt hat, der wirklich da ist. Nur so läßt sich die Lage, in die sie geraten sind, erklären. Diese einmalige Gelegenheit lassen wir aber aus den Händen gleiten, wenn wir – in Denken oder Handeln – die Methodik der Antithese preisgeben, wenn wir nicht darauf bestehen, daß »A« nicht »Nicht-A« ist, daß, wenn eine Sache wahr, das Gegenteil falsch ist; daß, wenn etwas gut, das Gegenteil böse ist.

Wenn die jungen Menschen in unseren Gemeinden und die in der Welt sehen, daß auch wir mit der Methodologie der Synthese spielen – in unserer Verkündigung und Evangelisation wie in unserer Zielsetzung und Gemeindeordnung –, verpassen wir diese einzigartige Gelegenheit, die sich uns durch den Zusammenbruch des Romantizismus bietet. Wenn wir das antithetische Denken aufgeben, haben wir nichts mehr zu sagen.

Mehr noch: nicht nur unsere Botschaft ist tot, sondern das Christentum ist tot, es existiert nicht mehr, selbst wenn seine äußere institutionelle Form fortbesteht. Das Christentum steht und fällt mit der Antithese, denn es gründet sich nicht auf irgendeinen abstrakten Wahrheitsbegriff, sondern auf den Gott, der da ist, und auf der Rechtfertigung des einzelnen. Die biblische Lehre von der Rechtfertigung bildet eine totale personale Antithese. Vor unserer Rechtfertigung waren wir tot, im Reich der Finsternis. Die Bibel sagt, daß wir in dem Augenblick, in dem wir Christus annehmen, vom Tod zum Leben hindurchdringen. Dies ist die totale Antithese auf der Ebene des einzelnen Menschen. Sobald wir in die andere Methodologie abgleiten – auf das Absolute, das vom ganzen Menschen logisch und rational verstanden werden kann, verzichten –, zerstören wir das historische Christentum, selbst wenn es allem Anschein nach noch einige Zeit fortbesteht. Wir mögen nichts wahrnehmen, doch wo diese Bewegung einsetzt, ist das Christentum vom Tod gezeichnet und wird die christliche Kirche zu einem Museumsstück.

In dem Maß, in dem jemand das antithetische Denken preisgibt, hat er sich bereits auf die andere Seite gestellt, selbst wenn er immer noch seine Treue zur biblischen Lehre beteuert. Die Christen können die Chance, die ihnen das Ende des Romantizismus bietet, nur dann nutzen, wenn sie bewußt zu einem klaren antithetischen Denken zurückkehren. Das müssen wir in Lehre und Wandel, in unserer Haltung zu faulen Kompromissen, im Verhältnis der Kirchen zueinander und in der Evangelisation beweisen. Wenn wir nicht zeigen, daß wir die Wahrheit auch da ernst nehmen, wo sie uns etwas kostet, stoßen wir die nächste Generation in den dialektischen Strudel, der uns umgibt.

Schließlich möchte ich in aller Ehrfurcht betonen, daß wir nicht nur aufgerufen sind, uns der Verlorenen zu erbarmen, in deren Mitte wir leben, sondern daß es hier auch um die Sache Gottes geht. Wir sind sein Volk, und wenn wir uns von jener anderen Methodologie einfangen lassen, ist letztlich er es, den wir lästern, unglaubwürdig machen und verunehren, denn die größte aller Antithesen ist die, daß er ist, im Gegensatz zu seiner Nichtexistenz. Gott ist keine Illusion – er ist wirklich da.

ZWEITER TEIL

Die Beziehung der modernen Theologie zum intellektuellen Klima

1. Kapitel

Die fünfte Stufe - Theologie

Der Abschied vom bibilischen Christentum

Wie der säkulare Existentialismus geht auch die moderne existentialistische Theologie auf Kierkegaard zurück. Beide Systeme haben einen gemeinsamen Kern, den »irrationalen Sprung«. Die Theologie, als letzte Stufe, ist keinesfalls von dem kulturellen Konsensus isoliert, den wir im ersten Teil betrachtet haben.

Auch innerhalb der Einheit der modernen Theologie stellen wir eine Vielfalt fest. So besteht etwa ein Unterschied zwischen der Neo-Orthodoxie und dem neuen Liberalismus, der an den späten Heidegger anknüpft. Wenn wir gründliche Arbeit leisten wollen, müssen wir auf diese Unterschiede hinweisen. Wenn wir jedoch die Einheit nicht erkennen, die alle Formen der modernen Theologie zusammenschließt, haben wir den entscheidenden Punkt verfehlt.

Zur Zeit der Reformation standen die Reformatoren einem fugenlosen System gegenüber. Sie behaupteten nicht, es gebe innerhalb der katholischen Kirche keine Christen; sie bestritten auch nicht die Unterschiede, die in Lehre und Akzentsetzung zwischen den verschiedenen katholischen Orden bestanden. Aber sie erkannten, daß der Kirche ein alle Teile verbindendes System zugrunde lag, und dieses System *als System* bezeichneten sie als falsch und der Lehre der Bibel entgegengesetzt.

Heute stehen die Evangelikalen wieder einem überwältigenden Konsensus gegenüber, einer von Theologen aller Richtungen akzeptierten Methodologie. Wenn wir auch hier und da wertvollen Einzelerkenntnissen begegnen (so bietet z. B. Bultmann zu einzelnen Fragen ausgezeichnete Interpretationen), geht es doch hier nicht um Zustimmung oder Ablehnung in Details, sondern wir müssen erkennen, daß das System dieser Theologie *als System* falsch ist.

Wie Senghor darauf hinweist, daß der grundlegende Faktor des Marxismus weder seine Wirtschaftstheorie noch sein Atheismus ist, sondern seine dialektische Methodologie, so ist die falsche Methodologie auch der einende Faktor der modernen Theologie. Sie hat einen falschen Wahrheitsbegriff, und deshalb kann ein Satz, der richtig klingt, in Wirklichkeit genau das Gegenteil von dem aussagen, was das historische Christentum mit demselben Satz meint. Es ist also naiv, die theologische Frage als theologische Frage zu behandeln, ohne erst einmal zu prüfen, was Wahrheit für den bedeutet, der diese theologischen Aussagen macht.

Die Theologie hat, wenn auch einige Jahrzehnte später, dieselbe Entwicklung durchlaufen wie die Philosophie. Vor Hegel hatte der rationalistische Mensch immer noch ein System zu finden versucht, das wie ein Kreisbogen das ganze Leben umschließen würde. Dann kam die Linie der Verzweiflung. Die naturalistische Theologie spiegelt diese Entwicklung wider. Die alten liberalen Theologen in Deutschland übernahmen als ersten Schritt die Voraussetzung der Naturkausalität als geschlossenes System. Damit verwarfen sie alle Wunder und alles Supranaturalistische, einschließlich des Übernatürlichen im Leben Jesu. Nachdem sie das getan hatten, hofften sie, auf rationale, objektive und wissenschaftliche Weise einen »historischen Jesus« zu finden — sie brauchten ja nur die übernatürlichen Aspekte des Lebens Jesu von der »geschichtlichen Wahrheit« zu trennen.

Aber sie versagten genau da, wo die rationalistischen Philosophen vor ihnen versagt hatten: Sie landeten in jenem runden Raum ohne Ausgang. Ihre Suche nach dem »historischen Jesus« war zum Scheitern verurteilt, weil das Übernatürliche derartig mit dem übrigen verflochten war, daß nach dem Wegstreichen alles Übernatürlichen überhaupt kein Jesus mehr übrig blieb! Nahmen sie alles Übernatürliche heraus, blieb kein »historischer Jesus« mehr; hielten sie aber am »historischen Jesus« fest, dann blieb auch das Übernatürliche.

Nach diesem Mißerfolg blieben ihnen auf der rationalen und logischen Ebene nur zwei Möglichkeiten: Sie hätten entweder den Rationalismus aufgeben und zur biblischen Theologie der Reformation zurückkehren können, die sie zuvor aufgrund ihrer naturalistischen Voraussetzungen verworfen hatten, oder sie hätten eine nihilistische Lebensauffassung annehmen können. Anstelle dieser rationalen Alternativen schlugen sie jedoch einen dritten Weg ein und folgten damit den Philosophen — einen Weg, der bis dahin gebildeten Menschen undenkbar erschienen war: die Zweiteilung des Wahrheitsbegriffs.

Warum folgte die Theologie der Philosophie in diesem ungeheuer schwerwiegenden Schritt? Aus zwei Gründen: Einmal hatte sie auf der Grundlage ihres optimistischen Rationalismus keinen historisch glaubwürdigen Jesus aufweisen können, nachdem sie alles Übernatürliche verworfen hatte; zum anderen richtete sie sich nach dem sie umgebenden Konsensus, und als die Philosophie diese Richtung einschlug, zog die Theologie schließlich nach.

So war es eigentlich nicht die Neo-Orthodoxie, die den alten Liberalismus niederriß, obwohl Karl Barths Lehren dem brüchigen Gebäude den letzten Stoß versetzt haben dürften; dieses Gebäude war aber bereits von innen her zersetzt. Anders ausgedrückt: Hätte Barth fünfzig Jahre früher gelebt, hätte ihm wohl kaum jemand Gehör geschenkt.

Die Neo-Orthodoxie konnte keine neue Antwort bringen. Sie kleidete lediglich in theologische Begriffe, was die existentialistische Philosophie bereits in säkularer Sprache ausgedrückt hatte.

DAS NICHT-RATIONALE UND NICHT-LOGISCHE	Eine erstrangige Krisenerfahrung Glaube — ein optimistischer Sprung ohne Verifikation oder mitteilbaren Inhalt
DAS RATIONALE UND LOGISCHE	Die Bibel voller Fehler. Pessimismus

Die Neo-Orthodoxie schwang sich mit einem Sprung in das, was ich den »oberen Bereich« nenne, und versuchte, dort etwas zu finden, das dem Leben Hoffnung und Sinn verleihen würde. Aufgrund ihrer Denkvoraussetzungen müßte sie rational und logisch im »unteren Bereich« bleiben.

So tat also auch die Theologie den Schritt über die Linie der Verzweiflung:

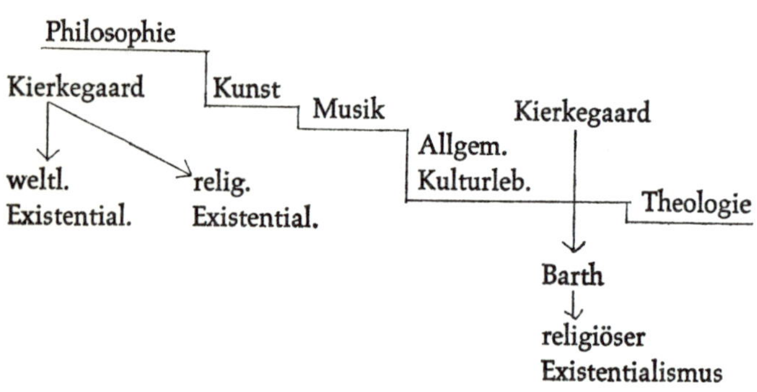

Die moderne Theologie hat die Hoffnung aufgegeben, ein einheitliches Erkenntnisfeld zu finden. Im Vergleich zur biblischen und reformatorischen Theologie ist sie folglich eine Anti-Theologie.

Von daher gesehen ist es unwissenschaftlich, die moderne Theologie als eigenständiges Wissensgebiet zu studieren. Sie muß im Gesamtzusammenhang des heutigen Denkens betrachtet werden. Hätten z. B. unsere amerikanischen Theologen die Bedeutung der Armory Show von 1913 in New York ermessen, als zum ersten Mal in den Vereinigten Staaten moderne Kunst gezeigt wurde, dann wären vielleicht unsere großen Kirchen in den 30er Jahren nicht dem Liberalismus in die Hände gefallen. Entwicklungstendenzen, die in der Theologie erst sehr viel später spürbar werden sollten, warfen in der Kunst bereits zu dieser Zeit ihre Schatten voraus. Aus diesem Grund habe ich oben das Jahr 1913 als ein so wichtiges Datum bezeichnet. Hätten die Christen die Botschaft dieser Kunstausstellung verstanden, hätten sie die geistige Entwicklung beeinflussen können, statt ihr nachzuhinken. Die konservative Theologie hat bis heute noch nicht den Anschluß gefunden. Sie ist viel zu provinziell, hat sich viel zu sehr vom allgemeinen kulturellen Denken isoliert.

Karl Barth hat in der Theologie den Schritt über die Linie der Verzweiflung eingeleitet. Er hielt weiterhin an den Theorien der liberalen Bibelkritik fest, versuchte indessen, durch einen Sprung die sich daraus ergebende rationale Alternative zu umgehen – die Wahl zwischen einer Rückkehr zum historischen Schriftverständnis und einem Verfallen in den Pessimismus. Nach der ersten Ausgabe seines »Römerbriefs« bestritt er seine Abhängigkeit von Kierkegaard. Dennoch blieb der »Sprung« die Grundlage seiner optimistischen Antworten, denn Barth hielt an den kritischen Theorien fest. Als seine Schüler in späteren Jahren seine Ansätze weiterentwickelten, distanzierte er sich von ihren durchaus konsequenten Folgerungen. Aber wie Kierkegaard mit seiner Lehre vom Sprung dem Existentialismus überhaupt das Tor öffnete, so fand mit Karl Barth der existentialistische »Sprung« Eingang in die Theologie. Wie in den anderen Disziplinen hatte sich auch hier der grundlegende Wandel auf dem Gebiet der Erkenntnistheorie vollzogen.

Viele andere sind ihm nachgefolgt – Männer wie Reinhold Niebuhr, Paul Tillich, Bischof John Robinson, Alan Richardson und andere moderne Theologen. Sie mögen in Einzelheiten voneinander abweichen, aber sie alle ringen mit demselben Problem – dem Problem des modernen Menschen, der kein einheitliches Erkenntnisfeld mehr besitzt. Diese Theologen haben »religiöse Wahrheit« völlig von der Naturwissenschaft auf der einen und der Geschichtswissenschaft auf der anderen Seite losgelöst. Ihr neues System läßt sich nicht verifizieren, es muß einfach geglaubt werden.

Obwohl ihre Position also auf einem kritisch-liberalen Schriftverständnis beruht, ist doch das eigentliche Problem der modernen Theologie nicht ihr Bibelverständnis, sondern ihr Konzept der zweigeteilten Wahrheit.

2. Kapitel

Moderner Mystizimus - Verzweiflung jenseits der Verzweiflung

Die Verzweiflung des modernen Menschen nimmt verschiedene Erscheinungsformen an. Sie ist bodenlos, denn sie wird zwar immer wieder in Formulierungen und Ausdrucksformen eingekleidet, die eine Hoffnung vorspiegeln, diese führen aber in Wirklichkeit nur noch tiefer in die Hoffnungslosigkeit. Der moderne Nihilismus ist die einfachste Form der Verzweiflung. Er tritt uns deutlich in Gauguins Gemälde *Was? Woher? Wohin?* und in der Musique Concrète entgegen. Der Nihilismus akzeptiert den Schluß, daß alles sinnlos und chaotisch ist.

Die zweite Ebene der Verzweiflung besteht im Anerkennen der Dichotomie, von der wir bereits gesprochen haben:

> Eine blind-optimistische Hoffnung auf Sinnerfüllung, gegründet auf einen nicht-rationalen Sprung

---

> Das Rationale und Logische, das die Sinnfrage nicht lösen kann.

Die erschreckende Tiefe dieser Form der Verzweiflung können wir nur ermessen, wenn wir uns klarmachen, daß der »obere« Bereich dieser Dichotomie völlig vom »unteren« getrennt ist, daß es zwischen ihnen keinen Austausch gibt. *Der untere Bereich hat keine Beziehung zur Sinnfrage; der obere Bereich hat keine Beziehung zur Vernunft.* Nachdem der rationalistische Mensch die Denkmethode der Antithese aufgegeben hatte, mußte er eine Zweiteilung des Erkenntnisfeldes hinnehmen und damit eine monströse, totale Antithese zwischen Rationalität und Sinnfrage.

Im rationalen unteren Bereich ist der Mensch nur eine Maschine. Im nicht-rationalen oberen Bereich ist er weniger als ein griechischer »Schatten« – wie in den Filmen *Letztes Jahr in Marienbad, Julia und die Geister* und *Blow-up* eindrucksvoll dargestellt –, denn dem Menschen im oberen Bereich fehlen alle Kategorien.

Die Dichotomie sollte die Verzweiflung des platten Nihilismus überwinden und führte doch nur noch tiefer in die Verzweiflung.

Damit hat der Mensch ja nicht nur den Bereich der Erkenntnis gespalten, er hat — und das ist weit schlimmer – seine eigene Existenz gespalten, denn die Rationalität ist Teil eines jeden Menschen. Der einzelne kann nicht einmal im eigenen Denken ohne Antithese auskommen. Wenn er z. B. denkt: »Ich liebe Eva« oder »Die Blüte dieser Rose ist schön«, so haben diese Sätze nur dann einen Sinn, wenn auch eine Antithese gegeben ist – die Möglichkeit nämlich, daß er Eva nicht liebt oder daß die Blüte der Rose häßlich ist. Das bedeutet, daß der Mensch die Denkmethodik der Antithese in der Praxis überhaupt nicht völlig ausschalten, daß er seinem philosophischen System nicht treu sein kann, es sei denn, er erlebe aufgrund eines geistigen Zusammenbruchs eine totale Selbstentfremdung.

Aus diesem Grund konnten nicht einmal die exponierten Vertreter der modernen Dichotomie von Vernunft und Sinnfrage ihr eigenes System ausleben. Jean-Paul Sartre warf Albert Camus vor, er sei ihren gemeinsamen Grundvoraussetzungen untreu geworden. Das stimmt, aber Sartre war ebenso inkonsequent, als er das Algerische Manifest unterschrieb. Denn dabei ging es ihm nicht darum, sich durch einen neutralen Willensakt selbst zu verwirklichen (wie wir es oben am Beispiel der alten Dame verdeutlicht haben) – denn dann hätte er genauso gut das Gegenteil tun können – nein, hier bezog er bewußt eine moralische Position, indem er den Algerienkrieg als schmutzig und ungerecht bezeichnete. Dieselbe Inkonsequenz zeigt sich darin, daß er sich – als sittliche Stellungnahme – der politischen Linken angeschlossen hat.

Viele weltliche Existentialisten betrachten Sartre als Abtrünnigen, der mit der Unterzeichnung des Algerischen Manifests seiner eigenen Lehre in den Rücken gefallen ist, und so hat er seine führende Position innerhalb der Avantgarde verloren.

Was für Camus und Sartre gilt – daß sie ihr eigenes System nicht konsequent ausleben konnten – trifft auf Vertreter aller Stufen der Linie der Verzweiflung zu, sei es in der Philosophie, in den Künsten, in der Musik oder der Literatur. Weder auf der Ebene des Nihilismus, noch auf der Ebene der völligen Dichotomie von Vernunft und Sinnfrage konnte der Mensch seine Integrität wahren, und so bewegte sich das moderne Denken auf eine dritte Ebene der Verzweiflung zu, die Ebene eines Mystizismus ohne Gegenüber.

Theologie und semantischer Mystizismus

Auf den ersten Blick scheint die Neo-Orthodoxie dem weltlichen Existentialismus gegenüber den Vorteil zu haben, daß ihre optimistischen Aussagen mehr Substanz besitzen als die ihres säkularen Gegenstücks. Wie wir gesehen haben, besteht eine der Schwierigkeiten des Grenzerlebnisses darin, daß man seinen Inhalt nicht mitteilen, ja nicht einmal sich selbst begreiflich machen kann. Die moderne Theologie bedient sich jedoch gewisser religiöser Wörter, die den Zuhörer an Persönlichkeit und einen festen Inhalt denken lassen. Tatsächlich herrscht aber keine wirkliche Kommunikation, sondern lediglich die Illusion einer Kommunikation, indem Wörter mit einem weiten Bedeutungshorizont gewählt werden. Der Inhalt des unaussprechlichen existentiellen Grenzerlebnisses wird mit Hilfe von assoziationsbeladenen religiösen Wörtern nur scheinbar mitgeteilt.

Carl Gustav Jung (1875–1961) spricht von kollektiven Inhalten des Unterbewußten, die allen Gliedern einer Art gemeinsam sind. Ich halte seine Erkenntnisse für falsch, vor allen Dingen ihren evolutionistischen Ansatz. Dennoch gibt es innerhalb eines Kulturkreises eine gewisse kollektive Erinnerung, die in seiner Sprache weitervermittelt wird. Eine solche Erinnerung, deren Träger die Sprache ist, erklärt, so meine ich, das, was Jung das kollektive Unterbewußtsein nennt, weitaus besser.[1]

Der Gebrauch von Wörtern und Symbolen

Jedes Wort hat zwei inhaltliche Ebenen: seine streng definierte Bedeutung (Denotation) und seine Sinnverflechtungen (Konnotationen). Wörter, die von ihrer Definition her synonym sind, können völlig verschiedene Assoziationen auslösen. Wenn z. B. ein Symbol wie das *Kreuz* in einem Text oder auf einem Gemälde erscheint, so löst es bei Menschen, die in einem christlichen Kulturkreis aufgewachsen sind, ganz bestimmte Assoziationen aus, selbst wenn diese Menschen den christlichen Glauben ablehnen. (Natürlich gilt das nicht nur für christliche Symbole, sondern auch für Symbole anderer Religionen.) Wenn also die moderne Theologie solche Wörter gebraucht, ohne sie zu definieren, wird die Illusion einer Bedeutung geschaffen, die außerordentlich nützlich ist, da sie starke Motivationen hervorruft.

Hier werden keine Gefühle angesprochen. Hier wird eine Illusion von Kommunikation und Inhalt geboten, indem ein Wort bewußt undefiniert gebraucht wird, damit der Hörer zu wissen glaubt, was damit gemeint ist. Ein gutes Beispiel dafür ist das Wort *Pantheismus.* Obwohl dieses Wort in Wirklichkeit etwas völlig Unpersönliches bezeichnet, ruft der Wortteil »-theismus« eine zustimmende Reaktion hervor, weil in »-theismus« unterschwellig der Begriff der Persönlichkeit mitschwingt. Würden wir das Wort durch *Pan-all-ismus* (was es in Wirklichkeit bedeutet) ersetzen, wäre die Reaktion ganz anders.

Wir sollten uns ferner klarmachen, daß sich die moderne Theologie den Nimbus zunutze gemacht hat, der in der wissenschaftlichen Welt das Wort »Symbol« umgibt, wobei sie jedoch »Symbol« in einem ganz anderen Sinn verwendet. In der Naturwissenschaft hat das Symbol nur dann einen Wert, wenn es für mindestens zwei Personen *präzise definiert* ist: für denjenigen, der es benutzt, und für mindestens eine weitere Person. Als Einstein zum erstenmal seine Relativitätstheorie verkündete, soll es in der ganzen Welt nur drei oder vier Menschen gegeben haben, die sie sofort verstanden. Aber Einstein hätte sie sicher nicht in der vorliegenden Form veröffentlicht, wären nicht wenigstens diese drei oder vier in der Lage gewesen, sie als wohldefinierte Mitteilung eines eindeutigen Inhalts zu verstehen. So ist also das wissenschaftliche Symbol ein wichtiges Werkzeug geworden, um immer kompliziertere Sachverhalte präzise auszudrücken. Mit anderen Worten: je klarer ein Symbol definiert ist, desto größer ist sein Wert.

Die moderne Theologie hingegen spricht im völlig entgegengesetzten Sinne vom Symbol. Theologie und Naturwissenschaft haben lediglich das *Wort* »Symbol« gemeinsam. Je verschwommener ein Symbol ist, desto nützlicher ist es der modernen Theologie. So benutzt sie z. B. weiterhin das Wort *Gott,* bedient sich seiner Sinnverflechtungen und Assoziationen, ohne allerdings seinen Inhalt zu definieren. Das Geheimnis des Erfolges der Neo-Orthodoxie besteht darin, daß diese religiösen Symbole die Vorstellung von Persönlichkeit erwecken, also einen greifbaren Inhalt vortäuschen. Deshalb scheint die Neo-Orthodoxie optimistischer zu sein als der weltliche Existentialismus. Das beste Beispiel dafür bietet wohl Tillichs Ausdruck *Gott über Gott.*

Auf den ersten Blick erscheint die Neo-Orthodoxie sehr »geistlich«. »Ich frage nicht nach Antworten, ich glaube einfach.« Das klingt ungeheuer fromm, und viele Menschen lassen sich dadurch täuschen, besonders junge Männer und Frauen, die sich nicht damit begnügen, die Phrasen des intellektuellen oder geistlichen *status quo* nachzuplappern. Sie sind zu Recht unzufrieden mit den abgedroschenen Sprüchen einer verstaubten und selbstgefälligen Orthodoxie. Die moderne Theologie hingegen erscheint ihnen geistlich und schwungvoll, und so tappen sie in die Falle. Sie zahlen jedoch für diese vermeintliche »Geistlichkeit« einen hohen Preis, denn wer im oberen Bereich mit undefinierten religiösen Wörtern arbeitet, der verliert die Möglichkeit des Erkennens und Handelns für den ganzen Menschen, ja gibt seine Ganzheit auf. Diese jungen Leute dürfen wir nicht auffordern, zu einem erbärmlichen *status quo* zurückzukehren, sondern wir müssen sie zu einer lebendigen Orthodoxie rufen, die sich mit dem Verhältnis des ganzen Menschen zu Gott befaßt – einschließlich seiner Vernunft und seines Intellekts.

Wo immer Menschen nach der letzten Wirklichkeit suchen, müssen wir ihnen das *wahre* Christentum zeigen. Hier können sie die Wirklichkeit finden, denn hier begegnen sie dem Gott, der da ist und der Aussagen über sich selbst gemacht hat, und nicht nur den Symbolen »Gott« oder »Christus«, die zwar geistlich klingen, es aber nicht sind. Die Menschen, die lediglich das Symbol gebrauchen müßten eigentlich Pessimisten sein, denn das *Wort* Gott oder die *Idee* Gott allein bietet keine ausreichende Grundlage für den Optimismus, den sie zur Schau stellen.

Die modernen Theologen stehen im Grunde auf derselben Ebene wie Pierre Schaeffer mit seiner *Musique Concrète*. Und doch scheinen sie von uns zu verlangen, mit Hilfe eines blindgläubigen Sprungs die Musique Concrète zu hören, als herrsche kein Unterschied zur Einheit und Vielfalt der Musik von Johann Sebastian Bach. Eine solche Art von »Gläubigkeit« erwartet diese Theologie von uns. Der optimistische Sprung ist notwendig, weil der Mensch nach wie vor im Bilde Gottes erschaffen ist – was auch immer er über sich selbst sagen mag – und deshalb einfach nicht in der Sinnlosigkeit leben kann. Der Sprung der modernen Theologie vollzieht sich mit Hilfe von religiösen, also persönlichen Begriffen, die Assoziationen, an Persönlichkeit, Sinn und Kommunikation wecken. Dennoch ist es lediglich ein Sprung in einen undefinierbaren, irrationalen semantischen Mystizismus.

Aber selbst hier bietet die Theologie nichts Neues. Es gibt viele weltliche Parallelen zu dem Kunstgriff, mit Hilfe von assoziationsbeladenen Wörtern die Verzweiflung zu überspielen, die durch den Verlust eines rationalen Sinns und Ziels entstanden ist. Auf einige Beispiele in den verschiedenen Disziplinen wollen wir etwas näher eingehen.

Die Anfänge des semantischen Mystizismus – Leonardo da Vinci

Um zu erkennen, wie der moderne Mensch – oft gegen seinen Willen – Schritt um Schritt auf die verschiedenen Ebenen der Verzweiflung abgedrängt worden ist und versucht hat, die Hoffnungslosigkeit durch den Gebrauch von assoziationsreichen Wörtern im oberen Bereich zu mildern – um diese Entwicklung zu erkennen, befassen wir uns am besten mit einer der herausragenden Gestalten der Renaissance, Leonardo da Vinci (1452–1519).

Leonardo starb zu Beginn der Reformation. An Franz I., den französischen König, der ihn nach Frankreich berufen hatte, wo er bis zu seinem Tode lebte, richtete Johannes Calvin seine berühmte *Institutio*. Leonardo vertrat als Humanist der Renaissance eine Lebensauffassung, die im völligen Gegensatz zur Botschaft der Reformatoren stand.

Auf dem Boden der Reformation wuchs (besonders in Nordeuropa) eine festgefügte Kultur; der Renaissance-Humanismus (zu dessen Sprechern Leonardo da Vinci gehörte) führte hingegen schließlich zur Verzweiflung des modernen Menschen, die heute diese Kultur zerstört. Giovanni Gentile, bekannt als Italiens größter moderner Philosoph, schrieb über Leonardo:

> »Die Einheit des Innenlebens erleuchtet die Phantasie, doch der Intellekt zersplittert diese Einheit in eine endlose Vielfalt von wahrnehmbaren Erscheinungen. So hinterläßt die Seelenqual und die innere Tragödie dieses Mannes von allumfassendem Geist, hin und hergerissen zwischen seinen unvereinbaren Welten, ein unendliches Sehnen, erfüllt von Bedauern und Trauer. Es ist die Sehnsucht nach einem Leonardo, der sich vom wirklichen Leonardo darin unterscheiden würde, daß er sich auf jeder Stufe zusammengerafft und entweder ganz in seine Phantasie oder ganz in seinen Verstand eingeschlossen hätte.«[2]

Gentile will folgendes sagen: Leonardo, der erste wirkliche Mathematiker im modernen Sinne, stand schon damals vor dem Problem, mit dem der Mensch von heute ringt. Er sah ein, daß der Mensch, der nur von sich selbst ausgeht und mit logischen und rationalen Schritten das Feld der Mathematik durchquert, nie zum Allgemeinen vorstößt, sondern immer im Bereich des Besonderen und der Mechanik verbleibt. Das Problem läßt sich folgendermaßen formulieren: Wie kann der begrenzte Mensch eine Einheit schaffen, die alle diese Einzelheiten — das Besondere — umfaßt? Und wenn er es nicht kann, wie könnten diese Einzelheiten einen Zusammenhang oder eine Bedeutung für ihn gewinnen?

Leonardo war ein Schüler von Ficino, der von Plato her ein neues Weltbild suchte, und so versuchte er, das Dilemma auf seiner Leinwand zu lösen und die Seele darzustellen. Das Wort *Seele* bezeichnet hier nicht die »christliche« Seele, sondern das Allgemeine. So glaubte er z. B., er könne als Maler das Universalbild eines Kindes zeichnen, das alle Einzelheiten aller Kinder umschlösse. Das gelang ihm jedoch ebensowenig wie es Picasso in seiner abstrakten Malerei gelang. Und doch unterschieden sich diese beiden grundlegend. Leonardo war kein moderner Mensch und konnte deshalb im Gegensatz zu Picasso keine irrationale Lösung akzeptieren. Leonardo starb in Verzweiflung, denn er konnte sein Streben nach einem einheitlichen Erkenntnisfeld nicht aufgeben, das das Allgemeine wie das Besondere, die mathematische Aufgliederung wie den Sinngehalt umfassen sollte. Wäre er — wie die Schüler Kierkegaards — bereit gewesen, eine irrationale Dichotomie anzunehmen, so hätte er die Spannung lösen können. Das konnte er aber nicht, denn die Menschen jener Zeit mochten zwar Humanisten sein, eine solche irrationale Lösung wäre ihnen jedoch unmöglich erschienen.

So zieht sich zwar ein roter Faden vom Humanismus der Renaissance bis zur modernen Philosophie, aber im Lauf der Entwicklung hat der moderne Mensch den »Sprung« akzeptiert, den die Philosophen der Vergangenheit niemals akzeptiert hätten, und ist so auf drei verschiedenen Ebenen der Verzweiflung angelangt: dem völligen Nihilismus, der Annahme einer totalen Dichotomie und dem semantischen, auf mehrsinnige Wörter gegründeten Mystizismus.

Dieser neue Mystizismus rechnet nicht mit der Möglichkeit eines einheitlichen Erkenntnisfeldes. Er geht vielmehr davon aus, daß der ungeheure Graben, der wahre Bedeutsamkeit und Rationalität (den oberen und unteren Bereich) unwiderruflich trennt, zum Wesen des Universums gehört. Im Gegensatz dazu hatte der alte optimistische Humanismus niemals die Suche nach einer rationalen Einheit zwischen dem oberen und unteren Bereich aufgegeben. Darin unterscheiden sich die beiden Denkweisen grundlegend.

Natur und Gnade

Derselbe Unterschied besteht zwischen dem neuen Mystizismus und der alten Formel von Natur und Gnade.

Im Anschluß an Thomas von Aquin (1227–1274) haben die Menschen viel Mühe darauf verwandt, das Verhältnis und eine mögliche Einheit von Natur und Gnade zu finden. Vor ihm war das Denken der byzantinischen Philosophen ausschließlich auf himmlische Dinge gerichtet, während mit Thomas von Aquin, der sich auf Aristoteles stützte, die Natur ebenfalls in den Blick kam. Das zeigt sich in den Gemälden von Cimabue (1240–1303) und Giotto (1267–1337), sowie in den Dichtungen Dantes (1265–1321), Boccaccios (1313–1375) und Petrarcas (1304–1374). Als die Renaissance in ganz Europa blühte, hatte die »Natur« die »Gnade« fast völlig verdrängt.

Wir könnten das Denken jener Zeit etwa so darstellen:

GNADE, das Höhere:	Gott der Schöpfer, Himmel und die himmlischen Dinge, das Unsichtbare und dessen Einfluß auf die Erde, die Seele des Menschen, die Einheit.
NATUR, das Niedere:	Das Geschaffene, Erde und irdische Dinge, das Sichtbare und was Natur und Mensch auf der Erde tun, der Leib des Menschen; die Vielfalt.

Auf den ersten Blick gleicht dies der modernen Dichotomie:

DAS NICHT-RATIONALE UND NICHT-LOGISCHE

DAS RATIONALE UND LOGISCHE

Und doch herrscht zwischen diesen beiden Konzepten ein absoluter qualitativer Unterschied.

Das Ringen um *Natur und Gnade* war ein Ringen um einen gemeinsamen Sinn dieser beiden Bereiche – die Philosophen klammerten sich an die Hoffnung, mit Hilfe der Vernunft eine

Einheit von Natur und Gnade zu erreichen. (Nebenbei sei bemerkt, daß sich das Problem von Natur und Gnade nur auf der Grundlage des vollständigen biblischen Systems lösen läßt, und diese Männer mußten scheitern, weil sie eine rationalistische oder humanistische Lösung suchten.) Der moderne Mensch hingegen hat die Hoffnung auf eine Einheit von Natur und Gnade aufgegeben. Daher umschreibt er das Problem auch anders, und die Formulierung beweist seine Verzweiflung.[3]

Er unterscheidet folgende Bereiche:

Glaube ohne Inhalt (keine Rationalität)

Rationalität (kein Sinn)

Wer das einmal wirklich durchschaut hat, der begreift, daß die Verzweiflung des modernen Menschen eine wirkliche Verzweiflung ist. Die gesamte moderne Theologie und der neue Mystizismus haben nichts weiter anzubieten als einen Glauben wider alle Vernunft, ohne jeden Inhalt und ohne Möglichkeit der Kommunikation. Man kann ihn »bezeugen«, aber nicht darüber diskutieren. Rationalität und Glaube sind völlig getrennt.

Betrachten wir diese horizontale Linie als *anthropologische Linie*, so gehört der Mensch in den unteren Bereich. Oberhalb der Linie kennt die moderne Theologie nichts als das »philosophische andere«, ein metaphysisches Unendliches, unbekannt und unerkennbar:

Gott – das philosophische andere,
unerkannt und unerkennbar.

Das undefinierte Wort *Gott*

Die moderne Theologie bewegt sich ausschließlich unterhalb der anthropologischen Linie. Sie kennt weder einen im Bilde Gottes geschaffenen Menschen, noch einen Gott, der sich selbst in der Schrift wahrhaftig offenbart.

Bezeichnend ist ihr Festhalten am Wort »Gott«, obgleich oberhalb der Linie nichts erkannt werden kann.

Am besten läßt sich die Konzeption der modernen Theologie als »Glaube an den Glauben« beschreiben, im Gegensatz zu einem Glauben an ein tatsächlich vorhandenes Gegenüber. Der moderne Glaube ist das Gegenteil des christlichen Glaubens, denn der moderne Mensch kann nichts über den Gegenstand seines Glaubens aussagen, sondern lediglich über den Glauben selbst sprechen. Er kann die Existenz und die Größe seines Glaubens beschreiben, der aller Vernunft trotzt — das ist aber auch alles. Der Glaube des modernen Menschen wendet sich also nach innen.

Für den Christen besteht der Wert des Glaubens im Gegenüber, auf das sich dieser richtet. Sein Glaube wendet sich nach außen, zu dem Gott, der wirklich da ist, und zu dem Christus, der ein für allemal in der Geschichte am Kreuz starb, das Erlösungswerk vollbrachte und am dritten Tag in Zeit und Raum auferstand. Aus diesem Grund ist der christliche Glaube diskutierbar und verifizierbar.[4]

In der modernen Theologie dagegen ist der Glaube nach innen gekehrt, denn er hat kein festes Gegenüber, und die Verkündigung unangreifbar, denn sie kann nicht rational diskutiert werden. Diese Position offenbart, so meine ich, eine tiefere Verzweiflung und Finsternis als die Position solcher Zeitgenossen, die Selbstmord begehen.

3. Kapitel

Moderner Mystizismus in Aktion: Kunst und Sprache

Die Spannung des Menschseins

Der moderne Mensch lebt in einer ungeheuren Spannung, denn kein Mensch kann sich auf der Ebene der Verzweiflung wohlfühlen. Der Christ kennt den Grund dafür: Der Mensch ist im Bild Gottes geschaffen, und obwohl er gefallen und durch echte moralische Schuld von Gott getrennt ist, ist er doch keine Maschine geworden. Auch nach seinem Fall wurde der Mensch nicht zur Maschine, sondern er blieb immer noch ein gefallener *Mensch*. Wer also diese völlige Hoffnungslosigkeit erlebt, der steht unter einem gigantischen Druck und ist praktisch gezwungen, die Dichotomie anzunehmen (wenn sie auch der langen Geschichte des rationalen Denkens völlig zuwiderläuft) und anschließend irgendeinen Mystizismus zu vertreten, der diese Zwiespältigkeit scheinbar überwindet.

Vor einigen Jahren sprach ich in einem Restaurant in London mit einem hochbegabten Physiker. Ich fragte ihn, woran er augenblicklich arbeite, und er berichtete, er glaube, die Lösung zu Einsteins Problem von Elektromagnetismus und Schwerkraft gefunden zu haben. Er begeisterte sich in diesem Thema, denn ich regte ihn immer wieder durch Fragen an, so daß er bald die Umwelt vergessen hatte. Schließlich holte ich ihn aber zur Erde zurück mit der Frage: »Dem Christen, der wirklich weiß, wer er ist, mag die Erkenntnis nichts ausmachen, daß das materielle Universum letztlich aus Energieteilchen besteht, die in verschiedenen Richtungen durcheinanderwirbeln, aber wie reagieren Ihre materialistischen Kollegen darauf? Was machen sie denn, wenn sie abends zu ihren Frauen und Kindern nach Hause kommen?«

Er überlegte einen Augenblick und antwortete dann: »Nun ja, Dr. Schaeffer, sie müssen eben in einer Dichotomie leben.«

Weil der Mensch immer noch ein Mensch ist, bäumt er sich dagegen auf, konsequent auszuleben, was ihn sein Humanismus und Rationalismus gelehrt haben. Natürlich kann ich behaupten, ich sei bloß eine Maschine – aber kann ich auch so leben?

Ich erinnere mich an eine nächtliche Überfahrt von Lissabon

nach Genua. Es war ein wunderschöner Mittelmeerabend. Auf dem Schiff lernte ich einen jungen Mann kennen, der in Nordafrika und Europa für eine große amerikanische Gesellschaft Radiosender baute. Er war Atheist, und als er feststellte, daß ich Pastor war, erwartete er einen unterhaltsamen Abend und wollte mich in die Zange nehmen. Aber die Unterhaltung entsprach nicht seinen Erwartungen. Ich merkte, daß er die logischen Konsequenzen seiner Position durchaus verstand und seiner Überzeugung entsprechend zu leben versuchte. Als er nach etwa einer Stunde die Unterhaltung beenden wollte, führte ich ein letztes Argument an, das er hoffentlich nie vergessen wird — nicht aus Bosheit, sondern weil ich ihm, einem Menschen, helfen wollte. Er war in Begleitung seiner hübschen jüdischen Frau — sie war wirklich eine Schönheit und voller Leben, und die Aufmerksamkeit, mit der er sie umgab, zeigte, daß er sie wirklich liebte.

Als sie sich gerade in ihre Kabine zurückziehen wollten — in der romantischen Atmosphäre eines Passagierschiffs, das bei herrlichem Vollmond das Mittelmeer durchflügte —, sagte ich ihm zum Abschied: »Wenn Sie gleich Ihre Frau in die Arme schließen, können Sie dann genau wissen, daß sie wirklich da ist?«

Ich haßte es, ihm diesen Schlag zu versetzen, und tat es dennoch, weil ich wußte, daß er die Bedeutung dieser Frage wirklich verstehen und nicht vergessen würde. Er zuckte wie unter einem Schlag zusammen, schrie mich an: »Nein! Ich weiß nicht immer genau, ob sie da ist«, und ging in seine Kabine. Bestimmt hatte ich seine letzte Nacht auf dem Mittelmeer verdorben, und das tat mir leid. Aber ich bete darum, daß er sein Leben lang nie vergißt, daß sein System dem biblischen Christentum nicht standhalten konnte — und zwar nicht nur in einem abstrakten Bereich, sondern im zentralen Bereich seines *eigenen Menschseins* — in der Liebe.

Auf andere, und doch verwandte Art gilt das auch für Männer wie Bernard Berenson (1865—1959). Zu seinen Lebzeiten war er in der ganzen Welt als der größte Experte für Renaissance-Malerei bekannt — sollte das Alter eines Bildes bestimmt oder sein Wert abgeschätzt werden, wandte man sich meistens an ihn, und sein Urteil wurde von allen anerkannt. Als wahrhaft »moderner« Mensch hatte er nichts gegen sexuelle Amoralität einzuwenden. Er spannte Mary Costello ihrem Gatten aus, lebte bis zum Tod des Ehemanns mit ihr in wilder Ehe (als Katholikin konnte sie sich nicht scheiden lassen) und heiratete sie dann. Sie trafen jedoch die Übereinkunft, einander außereheliche Liebesaffären zuzugestehen, und von dieser Vereinbarung machten beide häufig Gebrauch. Auf dieser Grundlage lebten sie fünfundvierzig Jahre zusammen. Stellte jemand Berenson deswegen zur Rede, so antwortete er gelassen: »Sie vergessen unsere animalische Natur.« Er war also in seinem Privatleben durchaus bereit, eine völlig animalische Basis zu akzeptieren.

Eine ganz andere Einstellung vertrat er auf dem Gebiet, dem seine wirkliche Liebe und sein voller Einsatz galt – der Renaissance-Kunst. »Bernard Berenson war der Meinung, die moderne Malerei gründe sich im allgemeinen nicht auf die Beobachtung, sondern auf Erbitterung und das Vor-Urteil, das Schmutzige, das Gewalttätige, das Bestialische, das Mißgestaltete, kurz gesagt ..., die primitive Form des Lebens sei die einzige Wirklichkeit.«[1] Auf dem Gebiet der Sexualmoral war er durchaus bereit, seine animalische Lebensauffassung konsequent auszuleben. In dem Bereich, in dem er nach einer Ganzheit suchte – nämlich in der Kunst –, mußte er zugeben, er verabscheue die moderne Kunst, *weil sie bestialisch sei.* Menschen wie Berenson können nicht nach ihrem eigenen Denksystem leben. Jeder wirklich moderne Mensch muß – in Theorie oder Praxis – einen Spung in Kauf nehmen; dazu zwingt ihn sein eigenes Menschsein. Was immer er über sich selbst denken und behaupten mag, er ist und bleibt ein Mensch.

Alle diese »Sprünge«, die aus der Verzweiflung heraus und in blindem Glauben erfolgen, unterscheiden sich völlig vom wahren christlichen Glauben. Auf dem Boden des biblischen Christentums kann man vernünftig diskutieren und abwägen, weil es auf nachprüfbaren historischen Fakten beruht. Paulus gab auf die Frage, ob Jesus von den Toten auferstanden sei, eine im Sinne des 20. Jahrhunderts völlig unreligiöse Antwort: »Dafür gibt es fast 500 lebende Zeugen; geht und fragt sie.«[2] Die christliche Botschaft wendet sich an den ganzen Menschen, einschließlich seines Verstandes; sie verlangt von ihm keinen Glauben ins Leere hinein. Nach der heutigen Auffassung von Religion ist die Bibel ein nicht-religiöses Buch.

In einer seiner Schriften spricht Paul Klee (1879–1940) von einigen seiner Gemälde, als wären sie eine Art künstlerisches »ouija board«. (Ein »ouija board« ist ein kleines Brett, das Spiritisten benutzen. Die Teilnehmer einer Sitzung legen ihre Hände darauf und stellen Fragen. Die Geister sollen es dann in Bewegung setzen und Antworten geben.)

Paul Klee und andere benutzen die Kunst als »ouija board« – nicht weil sie an die Existenz von Geistern glauben, die sprechen können, sondern weil sie hoffen, daß sich das Universum in einer Art automatischer Malerei offenbaren wird. Zwar gibt es – so glauben diese Männer – im gesamten All kein personales Gegenüber, dennoch hoffen sie, daß »das Universum« zu ihnen spricht.

Klee hat nicht nur gemalt und gezeichnet, sondern er erklärte auch sein Werk. In seinem Aufsatz *Schöpferisches Bekenntnis*[8] schreibt er: »Die Menschen pflegten früher Dinge darzustellen, die auf der Erde sichtbar waren – Dinge, die man gern gesehen hatte oder sehen wollte. Heute ist die Wirklichkeit der sichtbaren Gegenstände offenbar geworden und man vermutet, daß das Sichtbare nur ein Sonderfall im gesamten Universum ist, daß es andere, verborgene Wahrheiten gibt, die in der Überzahl sind.« Im weiteren Verlauf verwendet er den Ausdruck »plastische Polyphonie« und meint damit »die Elemente und ihre Umgruppierung«. Die »Elemente« definiert Klee in seinem Aufsatz als »Punkte, die Kraft der Linie, Oberfläche und Raum«. Darauf beziehen sich die folgenden Worte: »Das aber (die Elemente) ist nicht die höchste Form der Kunst. In ihrer höchsten Form gibt es hinter der Mehrdeutigkeit ein letztes Geheimnis, und an dieser Stelle verlöscht das Licht des Verstandes kläglich.« So läßt auch er sich in die Dichotomie hineinziehen. Er hofft, daß die Kunst irgendwie einen Sinngehalt finden wird, nicht weil es einen Geist gäbe, der die Hand leiten könnte, sondern weil das All durch die Kunst sprechen wird, obwohl dieses All in seiner Grundstruktur unpersönlich ist.

In fast allen Formen des neuen Mystizismus setzt sich immer mehr ein pantheistisches Konzept durch. West und Ost kommen sich näher, und diese pantheistischen Vorstellungen bilden eines der stärksten Elemente im semantischen Mystizismus, von dem wir hier sprechen.

Salvador Dali (geb. 1901) war ursprünglich Surrealist. Als solcher verband er den Dadaismus mit dem Freudschen Konzept des Unbewußten. An einem gewissen Punkt konnte er diese Position nicht mehr ertragen und schlug einen anderen Weg ein.

Eines Tages malte er seine Frau und nannte das Bild *Ein Korb mit Brot*. Der Betrachter erkennt, daß er seine Frau wirklich liebte, als er dieses Gemälde schuf. Er ist in einer ähnlichen Lage wie Picasso, der »Ich liebe Eva« auf seine Leinwand schrieb. Es ist bezeichnend, daß seine Frau dieses Bild in ihrer privaten Sammlung behalten hat.[4]

An jenem Tag gab Dali seinen Surrealismus auf und begann eine neue Serie – seine mystischen Gemälde. Schon vorher hatte er übrigens zwei Bilder mit dem Titel *Ein Korb mit Brot* gemalt, eines 1926 und das andere 1945, die nichts als einen Korb mit grobem spanischem Brot darstellen. Dieses dritte Bild hingegen, auch 1945 entstanden, zeigt seine Frau Galarina mit einer entblößten Brust. Ihr Name ist auf das Bild geschrieben, und der Ehering an ihrem Finger ist nicht zu übersehen.

1951 malte er das zweite Bild in seinem neuen Stil – *Der Christus vom heiligen Johannes am Kreuz* –, das heute in der Kunstgalerie von Glasgow hängt. In einer Broschüre, die in der Galerie verkauft wird, schreibt Salvador Dali über dieses Bild: »Was die künstlerische Struktur und Technik anbelangt, habe ich den *Christus vom heiligen Johannes am Kreuz* in der gleichen Weise gemalt wie ich bereits meinen *Korb mit Brot* gemalt habe, der schon damals – mehr oder weniger unbewußt – für mich die Eucharistie repräsentierte.«

Was heißt das? Er will damit sagen: Wenn ich an einem bestimmten Tag meine Frau anblicke, sie liebe und mit einer entblößten Brust male, erlebe ich dasselbe wie beim Abendmahl. Das heißt nun nicht, daß – etwa im Sinne des katholischen Abendmahlsverständnisses – wirklich etwas geschieht oder vor zweitausend Jahren in Palästina wirklich etwas geschehen wäre. Vielmehr trieb ihn seine Liebe zum modernen Mystizismus.[5]

In diesem Gemälde unterscheidet er sich von Picasso mit seinem *Ich liebe Eva*. Picasso gelangte niemals wirklich über die Probleme seiner einzelnen Liebschaften hinaus; für Dali jedoch wurde die Liebe ein Schlüssel zum Mystizismus. Um den Sprung darzustellen, zu dem er sich gezwungen fühlte, griff er zu christlichen Symbolen – nicht, um christliche Vorstellungen auszudrükken, sondern einen nicht-rationalen Mystizismus.

Nach diesen beiden Bildern malte er eine weitere Kreuzigungsszene, *Corpus Hyperoubus* genannt, die jetzt im Metropolitan Museum of Art in New York hängt, und später sein *Sakrament des heiligen Abendmahles,* das sich in der National Gallery in Washington befindet. Dieses Gemälde drückt sein Denken recht klar aus. Der Betrachter, der Jesus ansieht, nimmt durch ihn hindurch den Hintergrund wahr – Jesus ist transparent. Das ist nicht der geschichtliche Christus. Über ihm steht eine große menschliche Figur mit ausgebreiteten Armen, deren Kopf durch die obere Bildkante abgeschnitten ist. Niemand weiß genau, wen oder was diese Gestalt darstellt. Auf jeden Fall erinnert sie lebhaft an den »Yaksa«, der in der Hindukunst und -architektur oft hinter den »Erlösern« steht (wobei »Erlöser« nicht dasselbe bedeutet wie im Christentum). Yaksa und Yaksi verbinden in einem völlig pantheistischen System das pflanzliche Leben mit dem Menschen. Ich *glaube,* daß Dali mit der abgeschnittenen Gestalt in diesem Gemälde in diese Richtung weist. Eindeutig ist jedenfalls die Symbolik des Abendmahlsraumes, denn dieser Raum ist mit Hilfe des alten griechischen Symbols für das Universum konstruiert.

In einem Interview nannte Dali dieses religiöse Interesse seiner späteren Jahre in einem Atemzug mit der naturwissenschaftlichen Reduktion der Materie auf Energie: »Die Entdeckungen der Quantenphysik über das Wesen der Energie; Materie wird zur Energie – ein Zustand der Entmaterialisierung tritt ein. Ich erkannte, daß sich die Naturwissenschaft immer mehr vergeistigt. Der mystische Ansatz führender Naturwissenschaftler ist einfach erstaunlich – etwa die Aussagen von Max Planck und die Ansichten von Pierre Teilhard de Chardin, dem großen jesuitischen Wissenschaftler: Daß der Mensch in seiner ständigen Evolution der Einheit mit Gott immer näher kommt.«

Nach Dalis Aussage gründet sich sein eigener Mystizismus wie der religiöse Mystizismus von Teilhard de Chardin auf eine unpersönliche Entmaterialisierung und nicht auf etwas Persönliches. Das stimmt und gilt nicht nur für den progressiven Katholizismus; er hätte ebenso die protestantischen Formen der modernen Theologie mit einbeziehen können.

Man kann ohne weiteres nicht-definierte christliche Symbole oder Wörter herausgreifen und für den neuen Mystizismus einspannen, wobei sie dann eine gegensätzliche Bedeutung erhalten. Ihre Verwendung allein läßt nicht unbedingt auf die Übernahme des christlichen Inhaltes schließen. In Dalis weltlichem Mystizismus wie in der modernen Theologie erhält das »philosophische andere« oder das »unpersönliche Alles« einen persönlichen Namen, um durch die so hervorgerufenen Assoziationen die Sinnlosigkeit zu übertünchen.

Mystizismus in der Sprache – Heidegger

Weil Heidegger mit seinem Existentialismus nicht leben konnte, bezog er als alter Mann einen neuen Standort. Diese neue Position geht von folgenden Ansätzen aus: (1) Etwas, das *Sein*, existiert; (2) dieses Etwas tut sich kund; (3) die Sprache ist eins mit dem Sein und macht das Sein kund. Wir können nie rational erkennen, was eigentlich da ist (die reinen Tatsachen), aber die Sprache offenbart, daß *etwas* da ist. So ist die Sprache an sich schon eine Interpretation (eine Hermeneutik).

Er postuliert lange vor Aristoteles und dem Beginn des rationalen Denkens ein Zeitalter, worin die Menschen ein Griechisch gesprochen hätten, in dem sich das Universum in idealer Weise kundgetan habe. Dieses Postulat versucht er dann auf die menschliche Sprache überhaupt zu übertragen – nicht auf den Inhalt des Gesprochenen, sondern lediglich auf den Fluß der Sprache. Auf diese Weise wird die Existenz der Sprache für Heidegger zum mystischen System, das seine vorherige existentielle Dichotomie überwinden soll. Es ist ein semantischer Mystizismus, denn hier geht es nicht um den Inhalt der Sprache, sondern nur um die Sprache als solche. Der sprechende Mensch wird zum Sprachrohr des unpersönlichen Seins. Das unpersönliche und unerkennbare Sein redet durch das sprechende Seiende, das heißt, den Menschen. Diese Ansicht könnte durchaus zutreffend sein, wenn es hinter dem Menschen ein persönliches Wesen gäbe, das wirklich sinnvoll zum Menschen und durch den Menschen reden könnte. Da aber Heidegger als Rationalist ausschließlich von sich selbst ausgeht, kann er nicht akzeptieren, daß eine hinter dem Menschen stehende Persönlichkeit gesprochen hat. So bleibt er in seine Form des semantischen Mystizismus eingeschlossen. Das Wort »Sprache« läßt aufgrund seiner Assoziationskraft scheinbar auf Persönlichkeit schließen. Heideggers Lösung steht und fällt also mit den Assoziationen, die das Wort »Sprache« auslöst.

Am Ende seines Buchs *Was ist das – die Philosophie?*[6] sagt er, in unserer modernen Zeit sei dieser Sprachgebrauch hauptsächlich beim Dichter anzutreffen. Wir sollen also, so folgert er, auf den

Dichter hören – aber nicht etwa den *Inhalt* der dichterischen Aussage beachten, sondern lediglich die Tatsache, daß ein *Sprechen* wirklich existiert. Das ist alles.

Hier finden wir eine klare Parallele zwischen Klee und Heidegger. Beide drücken die Hoffnung aus, das All werde sich irgendwie durch die Kunst oder durch die Sprache bekunden. Heidegger kommt jedoch größere Bedeutung zu, weil er durch den Gebrauch von Konnotationswörtern (mehrsinnigen Wörtern) der Urheber einer neuen Form der modernen Theologie – des neuen Liberalismus – geworden ist. Es gibt keinen grundlegenden Unterschied zwischen Heideggers weltlichem Mystizismus und dem Mystizismus der modernen Theologie.

4. Kapitel

Moderner Mystizismus in Aktion: Musik und Literatur

Mystizismus in der Musik – Leonard Bernstein und John Cage

Leonard Bernsteins 3. Symphonie (unter Mitwirkung des New Yorker Philharmonischen Orchesters auf Schallplatte erschienen)[1] ist ein Beispiel für den genannten Mystizismus im Bereich der Musik. Diese »Kaddisch-Symphonie« wurde 1963 komponiert. Kaddisch ist eine jüdische Musikform, ein hebräischer Lobgesang zu Gott. Diese Form hat Bernstein (geb. 1918) in seinen modernen Unglauben hineingenommen. Im Gegensatz zum ursprünglichen Kaddisch sagt diese Musik jedoch aus, daß wir von dem, was wirklich da ist, nichts wissen können, sondern nur auf den Musiker hören sollen, der uns etwas von einem Gott schaffen wird. In diesem modernen Kaddisch ist der Konzertsaal das »heilige Haus«, und der Künstler »ist immer wieder Schöpfer von Dir, Vater, und von Dir, dem Ich«. Die Kunst wird als das einzige Wunder betrachtet, das Gott noch übrig gelassen hat.

Anfang 1965 schloß Leonard Marcis seine Kritik im *High Fidelity Magazine* zu Recht mit den Worten: »Theologen haben schon immer die Hilfe von Künstlern beansprucht, um die Kluft zu ihrer Herde zu überbrücken. Heute ... steht auch dem Antitheologen eine scharfe künstlerische Waffe zur Verfügung.« Ganz richtig nennt Marcis den neuen weltlichen Mystizismus und die moderne Theologie in einem Atemzug. Es gibt keinerlei Gewißheit, daß ein Gott existiert; aber der Dichter, der Musiker und die Kunst als Kunst treten da, wo alle Gewißheit fehlt, als Propheten auf.

Wir sollten uns an guter Kunst freuen. Doch hat die Kunst als Kunst kein Recht, Aussagen ganz gleich welchen Inhalts *ex cathedra* zu verkünden.

Die Zeitschrift *The New Yorker*[2] hat 1964 eine höchst aufschlußreiche Kurzbiographie über John Cage (geb. 1912) veröffentlicht. Darin heißt es: »... im wesentlichen fordert er den völligen Bruch mit den grundlegenden Voraussetzungen der westlichen Kunst seit der Renaissance.« Wir haben schon gesehen, daß zwischen dem Denken der jungen Menschen der heutigen

Generation und dem Denken der voraufgegangenen Generation ein Abgrund von 400 Jahren klafft. So will auch Cage eine allumfassende Konzeption stürzen, die mindestens 400 Jahre lang, also seit der Renaissance, als gültig erachtet wurde. Der Artikel zeigt dann weiter, worauf sich seine Angriffe im einzelnen richten:

»Die Fähigkeit der Kunst, Vorstellungen und Gefühle zu vermitteln, das Leben in einem sinnvollen Gefüge zu ordnen und durch den individuellen Selbstausdruck des Künstlers allgemeine Wahrheiten darzustellen – das sind nur drei der Grundvoraussetzungen, die Cage angreift. Statt einer Kunst, die Selbstausdruck der Phantasie, des Geschmackes und der Wünsche des Künstlers ist, propagiert Cage eine aus Zufall und Unbestimmtheit geborene Kunst.«

Wenn Gott existiert und wir in seinem Bilde geschaffen sind, dann kann unser Leben einen wirklichen Sinngehalt haben, und wir können durch das, was er uns mitgeteilt hat, wahre Erkenntnis erlangen. Wer das leugnet, dem bleibt nur noch der Mensch und sein begrenzter Selbstausdruck, der Ausdruck des einzelnen Menschen. Aber Cage erkennt ganz richtig, daß das nicht genügt, und so vertieft er das Dilemma des Menschen noch, zerschlägt den Anspruch auf Selbstausdruck und läßt nur noch den Zufall sprechen. Das ist die Grundlage seiner Musik. Im genannten Artikel heißt es weiter:

»Eine ganze Anzahl von Malern, Schriftstellern, und Komponisten verschiedener Länder haben in den letzten Jahren dieselbe Richtung eingeschlagen, und viele von ihnen haben Zufallsmethoden verwandt, um dieses Ziel zu erreichen.«

Dann werden der Franzose Pierre Boulez und der Amerikaner Jackson Pollock genannt. In der letzten Phase seiner Malerei legte Jackson Pollock (1912–1956) seine Leinwand flach auf den Fußboden und ließ willkürlich Farben darauf tropfen. Nach einiger Zeit schienen ihm die Möglichkeiten der Zufallsmethode erschöpft zu sein. Er konnte sie nicht mehr weiterentwickeln, und so beging er Selbstmord. Der Artikel fährt fort:

»Maler wie der verstorbene Jackson Pollock in Amerika und Georges Mathieu in Frankreich, die gewiß nicht nach Anonymität strebten bzw. streben, haben dennoch in der Zufälligkeit des Auftropfens oder Aufspritzens ihrer Farben den Schlüssel zu einer Schöpfung gesucht, die dem Verstand und Willen des Künstlers entzogen ist.«

Mit anderen Worten: Es handelt sich hier nicht einfach um Selbstausdruck, sondern, wie im Schaffen von Paul Klee, um die Hoffung, daß über der Arbeit des Künstlers das unpersönliche All irgendwie durch die Kunstform spricht. In der Kurzbiographie des *New Yorker* heißt es weiter:

»Gerade als Cage meinte, er habe sich nun genügend in den Philosophien und Religionen der Welt umgesehen, entdeckte er den Zen-Buddhismus. Dr. Daisetz T. Susiki, der erste wichtige Vertreter Zens in der westlichen Welt, war kurz zuvor nach Amerika gekommen und hielt vor Psychoanalytikern, Wissenschaftlern, Malern, Bildhauern und Philosophiestudenten Vorträge an der Columbia Universität. Unter den Hörern war auch Cage ... Durch einen Zufall stellte Cage eine Übereinstimmung dieser orientalischen Lehre mit den Worten des englischen Musikkritikers des 17. Jahrhunderts, Thomas Mace fest, der einmal geschrieben hatte, die Musik habe die Funktion, ›den Geist zu ernüchtern und zu beruhigen, damit er für göttliche Einflüsse empfänglich wird‹.«

Dabei müssen wir aber beachten, daß Mace im 17. Jahrhundert nicht nur davon ausging, die Musik könne den Geist zur Ruhe bringen, sondern daß er überzeugt war, anschließend könne der persönliche Gott mit ihm reden. Cage hingegen ist zu dem Punkt gekommen, wo niemand mehr da ist, der zu ihm reden könnte. Das ist der grundlegende Unterschied, der an späterer Stelle des Artikels klar herausgestellt wird:

»Eines Tages kaufte der junge Wolff die englische Übersetzung eines alten chinesischen Buches – *›Ching‹* oder *›Buch der Verwandlungen‹* –, das eben im Pantheon-Verlag erschienen war. ›Als ich das Buch öffnete und die Tabellen und Hexagramme sah, die gebraucht wurden, um nach dem Werfen von Münzen oder Stäbchen die Orakel zu entschlüsseln, fiel mir der Zusammenhang mit den Diagrammen auf, die ich selbst benutzt hatte‹, sagte Cage. ›Sogleich ging mir die Möglichkeit auf, dieses Verfahren auch bei meinen Kompositionen anzuwenden, und auf der Stelle konzipierte ich die Arbeitsmethode für meine *Musik der Verwandlung*, die ihren Namen diesem Buch verdankt. Ich lief hinüber zu Morty Feldmann, der im gleichen Gebäude ein Studio gemietet hatte, und zeigte ihm den Entwurf. Ich erinnere mich noch an seine Worte: ›Das ist dein großer Wurf.‹«

In ihrer alten Kultur hatten die Chinesen ein System zum Werfen von Münzen und Stäbchen entwickelt, wodurch die Geister sprechen sollten. Sie benutzten dabei eine außerordentlich komplizierte Methode, um jegliche Manipulation auszuschließen. Der Einfluß der Persönlichkeit des Werfenden wurde ausgeschaltet, damit die Geister reden konnten.

Cage greift nun dieses System auf und arbeitet damit. Auch er sucht jeglichen Ausdruck der eigenen Persönlichkeit aus seiner Musik zu eliminieren. Dennoch herrscht zwischen ihm und den alten Chinesen ein grundlegender Unterschied, denn für Cage gibt es niemanden, der reden könnte. Für ihn gibt es nur ein unpersönliches All, das durch blinden Zufall spricht.

So begann Cage, seine Musik mit Hilfe des »Münzenwerfens« zu komponieren. Er soll für einige seiner etwa 20 Minuten dauernden Stücke die Münze tausende Male geworfen haben. Die Komposition beruht auf reinem Zufall, aber offensichtlich noch nicht rein genug für Cage — er wollte die Zufälligkeit noch vergrößern. Also entwickelte er einen mechanischen Dirigenten. Das Gerät wurde von einer Nockenwelle gesteuert, deren Drehzahl vorher nicht festgelegt werden konnte, und die Musiker folgten einfach seinem Tempo. Zur Abwechslung ließ er manchmal zwei Dirigenten, die einander nicht sehen konnten, gleichzeitig dirigieren; all das sollte den reinen Zufall gewährleisten. Aber Cage empfängt durch seine Musik aus dem All nichts als Getöse und Wirrwarr oder Totenstille. Das ist die Lage unterhalb der anthropologischen Linie. Oberhalb der Linie gibt es nichts Persönliches, nur das *»philosophische andere«, das unpersönliche All.*

Über Cage kursiert folgende Anekdote: Nachdem ein Orchester seine Zufallsmusik aufgeführt hatte, verneigte er sich vor dem Publikum, um den Beifall entgegenzunehmen. Da hörte er hinter sich ein Geräusch, das wie das Zischen ausströmenden Dampfes klang. Zu seinem Schrecken mußte er feststellen, daß es die Musiker in seinem Rücken waren, die kräftig zischten. Oftmals sind seine Werke ausgepfiffen worden. Die wahrhaft modernen Menschen unter seinen Zuhörern haben aber in Wirklichkeit die logische Konsequenz ihrer eigenen Anschauung ausgepfiffen, die ihnen in Cages Musik vorgehalten wurde.

Obwohl Cage auch weiterhin solche Zukunftsmusik komponiert, bietet er doch selbst das Beispiel eines Menschen, der nicht nach seiner eigenen Lehre leben kann. Er behauptet, das Universum sei in Wahrheit vom totalen Zufall beherrscht. Man muß damit leben und darauf hören; man darf, wenn nötig, darüber weinen oder fluchen – aber man muß zuhören und immer wieder zuhören. Gegen Ende des Artikels lesen wir:

»1954 ... zogen der Bildhauer David Weinrib und seine Frau in ein altes Bauernhaus auf einem kleinen Gut in Stony Point, Rockland County, 40 Meilen von New York entfernt ... Cage wohnte und arbeitete dort in einer Dachkammer, die er mit einem Wespenschwarm teilte, und machte häufig lange, einsame Spaziergänge in den Wäldern. Sehr bald fiel ihm der Pilzreichtum im Rockland County auf. Pilze gab es hier in allen Formen, Größen und leuchtenden Farben. Er fing an, Pilzbücher zu sammeln und so viel wie möglich über Pilze zu lernen, und das tut er heute noch. Immerhin ist das Pilzsuchen ein ausgesprochen riskanter und ungewisser Zeitvertreib.

Man mag noch so viel von Pilzen verstehen – und Cage ist heute einer der besten Amateurpilzkenner im ganzen Land und besitzt eine der größten Privatsammlungen von Pilzbüchern –, stets besteht die Möglichkeit, bei der Identifizierung von Pilzen einen Fehler zu machen. ›Mir wurde klar, daß ich sehr bald ein toter Mann wäre, wenn ich nach meiner Zufallsmethode Pilze sammeln würde‹, sagte Cage vor kurzem. ›Ich entschied mich also, beim Pilzsammeln nicht nach dieser Methode zu verfahren.‹«

Hier ist ein Mann, der die Welt über das Wesen des Universums und die wahre Lebensphilosophie aufklären will und dabei seine Lehre nicht einmal auf das Pilzsammeln anwenden kann! Würde er in den Wald gehen und beginnen, beliebige Pilze zu sammeln, gäbe es nach wenigen Tagen keinen John Cage mehr.

Wie wir schon sahen, zerstören die Anschauungen des modernen Menschen das Wesen des Menschen. Aber mehr noch. Ihre Anschauungen widersprechen auch dem, was uns an Form und Struktur im Universum begegnet. Wie das Dilemma von Cage und seinen Pilzen zeigt, können die Menschen des 20. Jahrhunderts ihre Weltanschauung nicht konsequent ausleben, weder in bezug auf die Welt noch in bezug auf ihr Menschsein.

Während Cage bei seinem Pilzsammeln zu einem hoffnungslosen Zwiespalt gezwungen ist, hat er jedoch in seiner Musik seine Anschauung auch weiterhin konsequent in die Tat umgesetzt, wenn auch diese Musik nichts anderes als Lärm oder Schweigen ist. Er hat der Versuchung widerstanden, das unpersönliche Sein mit Konnotationswörtern oder -klängen zu verhüllen. Dazu hat den meisten modernen Menschen der Mut gefehlt.

In seinen frühen Büchern hat Miller nicht nur Dinge dargestellt, die in trivialem Sinne »schmutzig« sind, sondern es ist ihm gelungen, alles was Wert und Sinn hat – einschließlich des Sexuellen – zu zerstören. In diesen Büchern drückt er seine Anti-Gesetz-Stellung aus – in jeder Hinsicht. Doch auch Miller gehört zu denen, die ihrer eigenen Einstellung nicht treu bleiben konnten. Viele andere sind durch seine Bücher innerlich zerstört worden – er selbst war nicht zäh genug, um konsequent zu bleiben. So hat er sich in die wachsende Schar der modernen Menschen eingereiht, die den neuen Mystizismus annehmen, und vertritt heute eine pantheistische Weltanschauung.

Diese neue Schau drückt sich sehr präzise und klar in dem Vorwort aus, das er für die französische Ausgabe von Elie Favres »Kunstgeschichte« schrieb. Er nennt dieses Vorwort *Über das Staunen*. Schon der Titel ist aufschlußreich, denn er deutet an, daß er das »Gefühl des Staunens« dem Verstand gegenüberstellt. Und genau das ist sein Ziel. So führt er aus: »(Elie Favre) war vor allem ein ehrfürchtiger Verehrer des schöpferischen Geistes im Menschen. Seine Methode war – wie die von Walt Whitman – kosmisch.« Schon hier entdecken wir einen pantheistischen Ton. Später fährt er fort: »Welchen Einfluß dieses Werk heute haben mag, besonders auf die Jugend, die, mit Wissen überfüttert, fast immun ist gegen das Wunder und das Geheimnisvolle, kann ich nicht sagen.« Dieser Satz ist bezeichnend, denn hier kontrastiert Miller Intellekt und Erkenntnis mit der Fähigkeit des Staunens. Der Intellekt führt lediglich in den unteren Bereich des Rationalen und Logischen, wo es keinen Lebenssinn, sondern nur ein Maschinendasein gibt. Aber im Gegensatz dazu hat der Mensch die Fähigkeit zum Staunen, die das Rationale umgeht. Der Mensch löst sich von seinem Intellekt – er verwirft ihn.

Bei oberflächlicher Betrachtung des Vorworts könnte man fast meinen, Miller sei plötzlich Christ geworden. Er verwendet Wörter und Sätze, die wie Musik in unseren Ohren klingen – etwa: »Indem er (der Mensch) sich selbst die Macht einer Gottheit verliehen hatte, hat sich der Mensch Gott – und dem Universum – entfremdet. Sein Erbe, sein Geschenk und sein Heil hat er durch intellektuellen Stolz und Hochmut zerstört. Er hat nicht nur seiner Quelle den Rücken gekehrt, er weiß nicht einmal mehr, daß es eine Quelle gibt, die Quelle, aus der, wie das Gute Buch sagt, aller Segen fließt.«

Das klingt recht glaubhaft, und es kommt noch mehr: »Der Geist, der einst über den Wassern schwebte, wird wieder Neues schaffen ... Es gibt kein letztes Wort außer dem Logos selbst: ›Am Anfang war das Wort, und das Wort war bei Gott, und das Wort war Gott.‹« Wenn wir das lesen, dann müssen wir uns fragen: »Gehört denn Henry Miller zu uns?« Und die Antwort, die negativ ausfällt, können wir nur nach einer gründlichen Betrachtung des gesamten Vorworts geben.

Da heißt es: »Die Erkenntnis dieser Wahrheit zwingt mich, immer wieder festzustellen, daß hinter aller Schöpfung, sei sie nun göttlich oder menschlich, ein undurchdringliches Geheimnis liegt. Alle diese epochemachenden Namen, die Favre in seinen Werken aufzählt – genau betrachtet vernichtende Kräfte, weil sie gleichzeitig Kräfte zum Guten und zum Bösen sind –, sie alle bezeugen die unerschöpfliche Energie, die selbst dem kleinsten Teilchen der Materie innewohnt, und zeigen in wunderbarer und doch alltäglicher Weise, daß das, was wir Materie oder Substanz nennen, Schatten einer leuchtenden Wirklichkeit ist, zu mächtig, als daß unsere Sinne sie erfassen könnten.« Hier besteht ein enger Zusammenhang mit dem, was Salvador Dali über die Entmaterialisierung des Universums sagt.

Weiter unten sagt er (und der Kontext weist auf den Abwurf der Bombe hin): »Allein der embryonale Mensch führt Regie bei diesem Drama der Vernichtung. Das wahre Sein ist unzerstörbar.« Man könnte meinen, er spreche hier von der individuellen Seele, aber weit gefehlt! Er fährt fort: »Mehr als die Religion bietet die Kunst den Schlüssel zum Leben«, nachdem er schon am Anfang seiner Einleitung geschrieben hat: »Hat nicht (Walt Whitman) irgendwo gesagt, daß die Religionen aus der Kunst geboren sind und nicht umgekehrt?« Hier haben wir die Verbindung zu dem, was Heidegger über den Dichter sagt: *Hört nur* auf den Dichter. Miller fordert uns auf, die Kunst anzuschauen, ohne uns Gedanken über ihren Inhalt zu machen; die Kunst ist als Kunst der neue Prophet. »Eher als die Religion bietet die Kunst den Schlüssel zum Leben – aber nur denen, die sie ausüben, die sich ihr hingeben und schließlich erkennen, daß sie selbst nur armselige Werkzeuge sind, die das Vorrecht genießen, die Herrlichkeit und den Glanz des Lebens zu enthüllen.« Die Rationalität führt hin zum Inhalt von Millers *Wendekreis des Krebses* und *Wendekreis des Steinbocks.* Deshalb ist es notwendig, Verstand und Erkenntnis beiseite zu schieben und einen Sprung in einen inhaltlosen Mystizismus und eine gegenstandslose Ehrfurcht zu tun.

Aber der Mensch, der an diesem Punkt angelangt ist, ist ohnehin eigentlich wertlos. »Was macht es schließlich aus, wenn die Kreatur, die man den Menschen nennt, für einige Zeitalter ausgeschaltet und von der Szene abwesend ist?« Mit anderen Worten: Macht ruhig weiter, werft die Bombe, was macht das schon aus?

Der Schock, den Nevil Shutes Buch *»Das letzte Ufer«* auslöste, zeigt die allgemeine Reaktion auf die Möglichkeit der Vernichtung: Wenn schon morgen alle zerstört werden können, warum dann heute noch ein Gedicht schreiben oder ein Gemälde malen? Demgegenüber würde Henry Miller aufgrund seines neuen pantheistischen Mystizismus behaupten, es sei belanglos, ob die Ozeane morgen still seien und kein Mensch mehr am Strande stehe. Der *einzelne* Mensch ist unwesentlich.

So fährt er denn auch fort: »Dies ist ein Ende, eines von vielen – nicht *das* Ende. Was der Mensch seinem Wesen nach ist, kann nie zerstört werden. Der Geist, der zu Anfang über den Wassern schwebte, wird etwas Neues schaffen.« Er spricht hier nicht von einem persönlichen Gott. Er gebraucht zwar diese Konnotationswörter, meint aber pantheistische Zyklen. Alles, auch die Geschichte des Menschen, wird als ein Ablauf von Zyklen aufgefaßt. Was dem einzelnen passiert, spielt keine Rolle – die Zyklen gehen weiter. Diese Vorstellung ist durch und durch pantheistisch. Mit dem Menschen, der nie zerstört werden kann, ist nicht der einzelne Mensch gemeint, sondern der Mensch als solcher, der ein Teil des gesamten Seins ist. »Der Mensch, diese embryonale Seinsform, die weder Anfang noch Ende hat, wird wieder dem Menschen Platz machen. Der heutige Mensch, der Mensch der Geschichte, braucht nicht und wird nicht das letzte Wort sein. Es gibt kein letztes Wort, außer dem Logos selbst: ›Am Anfang war das Wort, und das Wort war bei Gott, und das Wort war Gott.‹«

Nach Miller kann man die Welt nur im pantheistischen Sinne begreifen, als endlose Zyklen, die sich ständig wiederholen. Um ihr aber einen persönlichen Zug zu verleihen, gebraucht er biblische Begriffe und Zitate. Diese lösen bei den Menschen unserer

Kultur die gewünschten Assoziationen aus und ebnen den Weg zu dem semantischen Mystizismus, den er vertritt.

Das Vorwort endet mit den Worten: »Wenn wir also das gewaltige Panorama menschlicher Leistung überschauen, dann sollten wir nicht in erster Linie an das denken, was die Giganten erreicht haben, die uns in diesen Bänden vorgestellt werden, sondern vielmehr an die unzerstörbare Energie, deren sprühende Funken sie waren. Alles mag verloren gehen, alles vergessen werden, wenn wir nur im Gedächtnis behalten, daß nichts verloren ist und nichts je vergessen sein wird. Wie es im Anfang war, jetzt ist und ewig sein wird: Welt ohne Ende.« Und mit diesem vernichtenden Schlag gegen das Individuum, das nichts weiter ist als ein Energiepartikel des Alls, zu dem es dieselbe Beziehung hat wie der Funke zum Feuer, schließt Miller seine Einleitung.

Damit dürfte klar sein, daß man den neuen Henry Miller in keiner Hinsicht als Christ bezeichnen kann. Er tut dasselbe, was Salvador Dali und die modernen Theologen tun – verwendet christliche Symbole, um einer unpersönlichen Welt, in der der Mensch als Fremdkörper wirkt, den Schein eines Sinngehaltes zu verleihen. Henry Miller, der die »Wendekreise« geschrieben hat, bezieht in diesem Vorwort grundsätzlich dieselbe Position wie die modernen Theologen.

5. Kapitel

Eine neue Phase der modernen Theologie

Gott ist tot – oder liegt im Sterben!

Inzwischen dürfte klar geworden sein, daß sich die moderne Theologie auch nicht durch ihren Mystizismus vom intellektuellen Klima der zweiten Hälfte des 20. Jahrhunderts unterscheidet. Vielmehr verbindet auch er die moderne Theologie mit dem säkularen Denkklima, das sie umgibt; wir haben ja den entsprechenden säkularen semantischen Mystizismus auf jeder Stufe der Linie der Verzweiflung vorgefunden – in der Philosophie, der Kunst, der Musik und im allgemeinen Kulturleben.

Die moderne Theologie selbst ringt mit einem inneren Konflikt, weil sie den oberen Bereich so vom unteren getrennt hat, daß kein Übergang möglich ist. Ihre augenblickliche Lage:

Glaube = ohne Rationalität, d. h. ohne Beziehung zum Kosmos (Wissenschaft) oder zur Geschichte

---

Nur Rationalität – einschließlich wissenschaftlicher Erkenntnisse und der Geschichte.

Das führt zu einer starken Spannung, denn eine so totale Antithese zwischen Rationalität und »religiösen Werten« zerstört die Einheit des Individuums, der Mensch wird innerlich gespalten. Dies wiederum beunruhigt viele der modernen Theologen. Folglich versuchen sie augenblicklich aufs neue, die Dichotomie zu überwinden. Dabei gehen sie von zwei Ansatzpunkten aus: Die einen suchen im unteren Bereich nach einer umfassenden Einheit, die anderen im oberen Bereich.

Der erste der beiden Versuche ist weiten Kreisen der Öffentlichkeit als »Gott-ist-tot-Theologie« bekannt. Ihre Vertreter hoffen, im unteren Bereich die Einheit zu finden und haben deshalb auf Gott, ja sogar auf den Begriff Gott, ganz und gar verzichtet. Wenn echte Gott-ist-tot-Leute behaupten, Gott sei tot, dann meinen sie damit nicht nur, in unserer modernen säkularen Welt höre man kaum noch auf Gottes Wort, sondern sie behaupten, Gott habe nie existiert. Sie betonen den unteren Bereich so sehr, daß sie die Existenz eines oberen Bereichs rundweg abzustreiten scheinen. Unten lassen sie lediglich das Wort »Jesus« stehen. Aber hüten wir uns! Wenn wir nicht genau aufpassen, werden diese Leute das Wort Jesus als ein Banner mit Assoziationen aus dem oberen Bereich verwenden:

Gott ist tot ↑

Gott ist tot — Jesus – – –

Die Vertreter dieser Richtung nennen sich selbst »christliche Atheisten«. Sie sind Atheisten im klassischen Sinne dieses Wortes; Christen sind sie nur insofern, als sie sich Bonhoeffers Definition Christi als »der Mensch für andere« zu eigen gemacht haben. In Wirklichkeit unterscheiden sie sich wenig von den heutigen optimistischen Humanisten.

Sie beziehen also recht eindeutig Stellung; in gewissem Sinne wollen diese Männer nicht länger das »Brötchen und den Groschen« haben. Sie haben alle Konnotationswörter aufgegeben, außer dem Begriff »Jesus Christus«, und selbst diesen haben sie so scharf definiert, daß seine Assoziationskraft verblaßt ist. Aber sie bleiben in ihrem Atheismus nicht unbehelligt. Die Verfechter des oberen Bereiches, die nach wie vor Konnotationswörter gebrauchen wollen, setzen sich zur Wehr, obwohl die moderne Theologie in Wirklichkeit sowohl im oberen als auch im unteren Bereich einen toten Gott hat:

Der neue Mystizismus — alle Gotteserkenntnis ist tot, jede Vorstellung von einem persönlichen Gott ist tot — also ist Gott tot.

Auf der Basis der Rationalität ist Gott tot.

Ein typischer Vertreter der Mentalität im oberen Bereich ist Paul Tillich. Als er kurz vor seinem Tod in Santa Barbara gefragt wurde, ob er je bete, antwortete er: »Nein, aber ich meditiere.« Auch für Bischof Robinson ist Gott im oberen Bereich praktisch tot, denn auch er läßt keinen Raum für das Gebet als persönliche Kommunikation, und obwohl er viel über Liebe redet, hören wir ihn nie von der Liebe zu Gott sprechen.

So wird im oberen Bereich nicht nur der Mensch zu einem »Schatten«, sondern auch der Gott des neuen Mystizismus ist nur ein nebulöses Etwas, das schließlich zum »Sein« oder zum »Allesmögliche« wird. Bei näherer Betrachtung kann man die

Theologen des oberen Bereichs entweder als Atheisten im klassischen Sinne oder als Pantheisten bezeichnen, das hängt nur von der Perspektive ab. Auch ihr Gott ist tot.

Dieser verschwommene Pantheismus, dem wir auch im weltlichen Denken begegnet sind, bringt für den im christlichen Glauben großgewordenen Menschen manche Probleme mit sich. So besteht Robinson darauf, daß Gott eigentlich doch transzendent sei. Diese Aussage relativiert er jedoch anschließend sogleich, indem er fortfährt, auch der Mensch sei transzendent (was – und das ist faszinierend – wörtlich mit Sir Julian Huxleys Aussage über den Menschen übereinstimmt). Demnach ist in Wirklichkeit transzendent gleich nicht-transzendent, und wir sind wieder da, wo wir angefangen haben.

Wenn moderne Theologen und Nichttheologen das Wort »transzendent« gebrauchen, meinen sie damit – so glaube ich – die Dinge, die sie bei näherer Betrachtung des Menschen überraschen, Dinge, die sie aufgrund ihrer Ansichten vom Ursprung des Menschen nicht erwarten konnten. Vielleicht bedeutet es aber auch nicht viel mehr als Henry Millers Gefühl des Staunens. Solange sie das Wort »transzendent« gebrauchen, ohne es zu definieren, können sie den Vorwurf des Pantheismus nicht entkräften.

Die moderne Theologie sieht also Gott und den Menschen wie folgt:

Nicht rational Nicht logisch Glaube	Keine Kategorien für Gott, alle Erkenntnis Gottes ist tot. Der persönliche Gott ist tot. Keine Kategorien für den Menschen und die Sinnfrage

---

Nur Rationalität,	d. h. nur Beziehung zum Kosmos (Naturwissenschaft) und zur Geschichte	Gott ist tot und der Mensch ist eine Maschine

Die Suche im oberen Bereich

Diesen hohen Preis haben die modernen Theologen dafür zahlen müssen, daß sie das historische Christentum, das Christentum der Bibel und der Bekenntnisschriften, verworfen haben. Statt jedoch zur Bibel zurückzukehren, versuchen die Theologen weiterhin ihre Schwierigkeiten ohne die Bibel zu lösen. Seit einiger Zeit bemühen sich die Theologen vom oberen Bereich, wieder in der Geschichte Fuß zu fassen.

Karl Barth, den man als Urheber dieser Entwicklung betrachten kann, versuchte, sich von den logischen Folgerungen zu distanzieren, die seine Schüler aus seiner Lehre zogen. So sprach er in seinen späteren Jahren von einer historischen Auferstehung Christi. So einfach läßt sich das Problem jedoch nicht vom Tisch fegen, denn diese Theologen gehen von der Voraussetzung aus, daß die Bibel historische und wissenschaftliche Irrtümer enthält, und so gehört zu ihrer Auffassung von »religiöser Wahrheit« notwendigerweise und zentral eine Dichotomie: das zweigeteilte Wahrheitsverständnis.

Sie können nicht zum alten Liberalismus zurückkehren – die frühere Suche nach dem historischen Jesus ist gescheitert und läßt sich nicht wieder aufnehmen. Geben sie jedoch die Teilung der Wahrheit auf (und gerade dies war ja ihre Antwort auf das Scheitern des Liberalismus), dann stehen sie wieder vor der alten Alternative: Hier Nihilismus (Gott ist tot, der Mensch ist tot, der Sinn des Lebens ist tot) – dort die Antworten des historisch-reformatorisch-christlichen Standpunktes: Es gibt einen persönlichen Gott, der Mensch ist in seinem Bilde geschaffen, und Gott hat zu seinem Geschöpf gesprochen – in Form einer sprachlichen Offenbarung mit festem Inhalt, die vom ganzen Menschen erfaßt werden kann. Kurz gesagt: Den einzigen Ausweg aus ihrem Dilemma bildet die Rückkehr zur Methodologie der Antithese. Ohne diesen Schritt geht alles Reden über die leibliche Auferstehung Christi am Kern des Problems vorbei.[1]

Mit treffenden Worten hat Dr. John Macquarrie, seinerzeit Lektor für systematische Theologie an der Universität Glasgow und heute am Union Theological Seminary, New York, in der Zeitschrift *The Listener* (12. April 1962) diese Suche der Theologen des oberen Bereichs nach einem Bezug zur Geschichte beschrieben. Der Artikel trägt die Überschrift *Die Geschichte und der Christus des Glaubens*, und wir zitieren den aufschlußreichsten Teil:

> *Eine neue Suche*
>
> Es sollte niemanden überraschen, daß einige Schüler Bultmanns aus Furcht, sich in einer Welt des Mythos und des Scheins zu verlieren, die Suche nach dem historischen Jesus wiederaufgenommen haben. So sagt z. B. Günther Bornkamm,

> wir müßten »die Geschichte im Kerygma suchen« und dürften uns dem historischen Jesus nicht mit Resignation oder Skepsis stellen. Bedeutet das, daß wir die endlosen Erörterungen wieder aufnehmen müssen, ob diese oder jene Begebenheit oder Rede tatsächlich so stattgefunden hat, wie sie überliefert ist? Das kann nicht sein, denn schon die frühere Suche nach dem historischen Jesus hat darauf keine klare Antwort geben können. Die neue Suche zielt in eine andere Richtung, nur herrscht unglücklicherweise unter den daran Beteiligten große Verwirrung über diese Richtung, und Bultmann selbst hat einige von ihnen heftig kritisiert. Er selbst begnügt sich mit der Feststellung, wir wüßten lediglich, daß es einmal einen Jesus gegeben habe, der gekreuzigt worden sei – die Art seines Lebens oder seiner Person entziehe sich unserer Erkenntnis.
>
> Meiner Meinung nach muß ein christlicher Theologe auf einem begrenzten Kern von historischen Tatsachen bestehen, wenn das Kerygma uns einen Lebensweg weisen soll, der realistisch und nicht einer Traumwelt entlehnt ist. Dieser minimale Kern besteht nicht aus einer kurzen Liste unaufgebbarer Ereignisse oder Reden, sondern einfach aus der *Behauptung*[2], daß es am Anfang der christlichen Religion tatsächlich einmal ein historisches Beispiel für die im Kerygma verkündete Lebensweise gegeben habe.

Dr. John Macquarrie gibt also zu, daß diese Theologen nicht wieder, wie die alten Liberalen, bis zur Erschöpfung nach dem historischen Jesus suchen können, denn diese Suche war völlig mißlungen. Seine eigene Antwort ist die *Behauptung*, Jesus habe so oder so gelebt. Mit anderen Worten: Sagen wir einfach mal, es sei so gewesen.

Die Versuche der Theologen des oberen Bereiches, wieder in der Geschichte Fuß zu fassen, um nicht sich selbst und Gott »in einer Welt des Mythos und des Scheins zu verlieren«, zielen hauptsächlich in zwei Richtungen:

Einige operieren mit dem Ausdruck »Gottes Heilstaten in der Geschichte«, und das hört sich gut an. Aber damit meinen sie nicht, daß Gott zu einem bestimmten Zeitpunkt wirklich in unsere räumlich-zeitliche Welt eingetreten sei, um die Erlösung des Menschen zu vollbringen. Sie meinen vielmehr, daß Gott irgendwie die gesamte Weltgeschichte erlöst, einschließlich der schlimmsten Sünden und Grausamkeiten, die einzelne Menschen oder Gruppen verübt haben.

Andere verwenden einfach das *Wort* Geschichte, und zwar in verschiedenen Formen. Macquarrie sagt, wir müßten die Historizität gewisser Ereignisse behaupten. Die Ereignisse werden willkürlich ausgewählt und lassen sich natürlich geschichtlich nicht überprüfen. Oft versuchen sie auch, die Bibel als Beweis für existentialistische Erfahrungen heranzuziehen. Sie erklären, diese Erfahrungen seien bereits in biblischer Zeit gemacht worden, die Art und Weise, wie sie in der Bibel geschildert seien, hätten jedoch keine Beziehung zum tatsächlichen Geschehen. In den biblischen Berichten drücke sich eben das falsche Weltbild jener Zeit aus. Diese Art der Geschichtsbetrachtung ist den Aussagen Heideggers über den mystischen Wert der Sprache verwandt. Die modernen Theologen – Protestanten wie progressive Katholiken – versuchen die biblische Sprache zu manipulieren, um sie als Mittel zu einer existentiellen Erfahrung in der Gegenwart zu gebrauchen.

Für diese Menschen bedeutet Sprache immer schon Interpretation, die Worte der Bibel sind also bereits eine Auslegung des Unerkennbaren, das einmal geschehen ist. Den Männern im oberen Bereich bleibt lediglich eine Flut von Wörtern.

Weder im unteren noch im oberen Bereich zeichnet sich ein Weg ab, die herrschende Spannung zu lösen. Dennoch werden die Theologen ihre hoffnungslosen Versuche bestimmt weiter fortsetzen, denn einerseits ist der Zwiespalt unerträglich, sie müssen ihn aber aufrecht erhalten, weil die Zweiteilung der Wahrheit die Grundlage der modernen Theologie ist.

Moderne Theologie im Vormarsch

Trotz der Verwirrung unter den modernen Theologen und trotz der Tatsache, daß sie innerhalb der uns heute umgebenden weltlichen Mystizismen eigentlich nichts Besonderes aussagt, hat die moderne Theologie aus bestimmten Gründen die Chance, eine Führungsposition in unserer Kultur einzunehmen, eine Stellung, wie sie die Theologie seit langem nicht innegehabt hat.

Seit einiger Zeit droht die Gesellschaftsordnung auseinanderzubrechen. Die Menschen leben in einer strukturlosen Gesellschaft und möchten ihr wieder eine Struktur verleihen. Lange Zeit bildete das Gedankengut der Reformation die Basis der nordeuropäischen Kultur. Heute aber ist diese Grundlage durch den Relativismus innerhalb und außerhalb der Kirche unterhöhlt worden, und das historische Christentum bildet nur noch eine Minderheit. Sogar die Erinnerung an vergangene Kulturformen verblaßt, und nicht nur die strukturelle Form Nordeuropas geht in die Brüche, sondern wir können auch im marxistischen Rußland diese Entwicklung feststellen, die sich allerdings aufgrund der totalitären Herrschaftsform wesentlich langsamer vollzieht. So werden die modernen russischen Künstler gehindert, frei zu reden, weil sie das moderne Denken ins russische Volk hineintragen.

Die menschliche Gesellschaft kann ohne Ordnung und Motivation nicht funktionieren. Wo alte gesellschaftliche Formen abgeschafft werden, müssen neue gefunden werden, sonst bricht die Gesellschaft völlig zusammen. In diesem Zusammenhang hat Sir Julian Huxley darauf hingewiesen, die Religion sei für die moderne Gesellschaft unabdingbar. Dabei behauptet er allerdings, die Religion entwickle sich ständig weiter und müsse der Kontrolle der Gesellschaft unterstellt werden.

Dieser Hinweis eines überzeugten Humanisten ist im Rahmen der heutigen Mentalität gar nicht so abwegig. Die vorherrschende dialektische Methodologie schickt sich leicht in religiöse Formen. Selbst Senghor sagte, sein Land würde, was die Dialektik betreffe, den Lehren von Teilhard de Chardin folgen. Und erinnern wir uns daran, daß die Menschen heute auf *beiden* Seiten des eisernen Vorhangs dialektisch denken!

Am Beispiel von Teilhard de Chardin zeigt sich übrigens, daß die progressiven katholischen Theologen durch ihr dialektisches Denken weiter vom historischen, reformatorischen Christentum entfernt sind als der klassische Katholizismus.

Der orthodoxe Katholik würde mir sagen, ich sei auf dem Weg zur Hölle, weil ich die wahre Kirche verwerfe. Er urteilt auf der Grundlage der absoluten Wahrheit. Der moderne Katholik, der sich am Kaminfeuer mit mir unterhält, sagt: »Sie sind in Ordnung, Dr. Schaeffer, denn Sie sind aufrichtig.« Im modernen Katholizismus läßt eine solche Aussage gewöhnlich darauf schließen, daß sich die dialektische Methode durchgesetzt hat.

Daher überrascht es uns nicht, daß einige der führenden progressiven katholischen Denker — etwa Karl Rahner — dem späten Heidegger folgen, während andere, wie Hans Küng, stark von der Neo-Orthodoxie beeinflußt sind. Bedeutsam ist auch, daß sich das Schriftverständnis des Vatikanischen Konzils in dieselbe Richtung bewegt und Männer wie Raymond Panikkar, Dom Bede

Griffiths, O. S. C. und Anthony de Mello, S. J. eine Synthese zwischen Katholizismus und Hinduismus vertreten. Diese Männer haben wahrlich einen langen Weg zurückgelegt – aber nicht zum biblischen Christentum hin. Neal Ascherson berichtete am 29. April 1967 in einer Londoner Zeitung von den Gesprächen in Marienbad zwischen der von Karl Rahner geprägten Paulusgesellschaft und Roger Garaudy, dem damaligen Chefideologen der Kommunistischen Partei Frankreichs. Die Überschrift über diesem Artikel war einfach genial: »Dieses Jahr in Marienbad – wo sich Marxisten und Katholiken treffen.« Denn darin verband er diesen Dialog mit dem Verlust aller Kategorien, den der Film *Letztes Jahr in Marienbad* betont.

Somit scheint für diese moderne Theologie die Zeit angebrochen zu sein, die dringend benötigten gesellschaftlichen Formen und Motivationen anzubieten. Natürlich könnte die Gesellschaft auch anderswo, unter den weltlichen Mystizismen, nach einer sich neu entwickelnden Religion suchen, aber die moderne Theologie hat einen wichtigen Vorsprung.

Erstens verwendet sie die undefinierten, tief in unserer westlichen Kultur verwurzelten Konnotationswörter. Diese Wörter werden leichter geschluckt und haben eine größere Durchschlagskraft als neue und ungewohnte Wörter.

Zweitens beherrschen die modernen Theologen fast alle großen protestantischen Denominationen und – wenn die Progressiven ihre Stellung in der katholischen Kirche noch festigen – auch diese. Sie haben den Vorteil, innerhalb des organisatorischen Rahmens der Kirche wirken zu können, und so steht ihnen sowohl der kirchliche Apparat als auch die Kontinuität des kirchlichen Sprachgebrauchs zur Verfügung.

Drittens sind die Menschen in unserem Kulturkreis bereits daran gewöhnt, nichtdefinierte, inhaltlose religiöse Wörter und Symbole ohne rationale oder historische Kontrolle kritiklos zu übernehmen. Diese Wörter und Symbole können jederzeit mit dem jeweils gewünschten Inhalt gefüllt werden. Die Wörter »Jesus« oder »Christus« eignen sich am besten zur Manipulation. Der Ausdruck »Jesus Christus« ist zum inhaltlosen Banner geworden, das für alle soziologischen Zwecke verwendet werden kann. Mit anderen Worten: Weil der Ausdruck »Jesus Christus« von der geschichtlichen Wirklichkeit und dem Inhalt der Schrift losgelöst worden ist, kann er gebraucht werden, um religiös motivierte soziologische Handlungen auszulösen, die der Lehre

Christi völlig widersprechen. Das zeigt sich z. B. an der »neuen Moral«, die schon heute von manchen innerhalb der Kirchen propagiert wird.

So kann also die moderne Theologie die Gesellschaft mit einer endlosen Reihe von religiös motivierten, aber willkürlichen Normen versorgen. Gegen die Manipulierung durch einen solchen semantischen Mystizismus müssen wir uns rüsten, uns selbst, unsere Kinder und unsere geistlichen Kinder.

DRITTER TEIL

Die Unterschiede zwischen dem historischen Christentum und der modernen Theologie

1. Kapitel

Persönlichkeit oder teuflischer Lärm

Unsere Vorväter drückten mit dem Begriff »systematische Theologie« ihre Überzeugung aus, daß das Christentum nicht aus einer Reihe von isolierten Glaubenssätzen bestehe, sondern einen Anfang habe und einem Ziel zustrebe. Jeder Teil der biblischen Lehre stehe in Beziehung zu allen anderen Teilen und zum Ganzen sowie zum Ausgangspunkt des Systems. Zwar kann ein solches systematisches Verständnis des Christentums zu einer toten Form erstarren, aber deshalb dürfen wir das Wort »systematisch« nicht von vornherein verachten, als beziehe es sich automatisch auf einen Leichnam.

Richtig verstanden hat das Christentum als System die Antwort auf die drei grundlegenden Bedürfnisse des modernen Menschen. Darin unterscheidet es sich von der modernen Theologie, die kein geeignetes Fundament für Lösungen hat, die einer rationalen Prüfung standhalten und sich in der Praxis des täglichen Lebens bewähren.

Das erste Grundbedürfnis des Menschen ist aus der Ungewißheit über die Wirklichkeit der individuellen Persönlichkeit entstanden. Jeder Mensch lebt so lange in einer Spannung, bis er eine befriedigende Antwort auf die Frage erhalten hat, wer er selbst ist.

Die biblische Antwort gründet sich auf den Ursprung aller Dinge und lautet, daß allem Sein Persönlichkeit zugrunde liegt; nicht im pantheistischen Sinne, nach dem das Universum die Ausdehnung des Wesens Gottes (oder des »Seins«) ist, sondern in dem Sinne, daß ein persönlicher, dreieiniger Gott alles Übrige erschuf. Vor aller Schöpfung herrschte zwischen den Personen der Dreieinigkeit wirkliche Liebe und wirkliche Kommunikation.[1] Von dieser Aussage ausgehend erklärt die Bibel, dieser persönliche Gott habe den Menschen in seinem eigenen Bilde geschaffen. Ein persönlicher Gott schuf souverän und unabhängig alle Dinge; und dabei nimmt die Erschaffung des Menschen eine Sonderstellung ein. Er ist das Abbild dieses Gottes, und somit gehört die Persönlichkeit zu seinem Wesen. Gott ist persönlich, also ist auch der Mensch persönlich.

Vielleicht kann uns ein Beispiel zum besseren Verständnis dieses Sachverhaltes helfen: Stellen wir uns vor, wir sind in den Alpen und sehen von einem hohen Gipfel aus drei parallele Gebirgszüge mit zwei dazwischenliegenden Tälern. In einem dieser beiden Täler befindet sich ein See, das andere Tal hingegen ist trocken. Plötzlich beobachten wir, daß sich im zweiten, bisher trockenen Tal ebenfalls ein See bildet. Das Wasser steigt, und wir fragen uns, woher es wohl kommt. Wenn es genau bis zum Wasserspiegel im Nachbartal ansteigt, so können wir nach sorgfältigen Messungen annehmen, daß es möglicherweise aus dem ersten Tal stammt. Zeigen unsere Messungen aber, daß das Niveau des zweiten Sees zehn Meter höher liegt als das des ersten, so kann das Wasser nicht aus dem Nachbarsee stammen und wir müssen nach einer anderen Erklärung suchen. Ähnlich ist es mit der Persönlichkeit: Niemand hat bisher erklären können, wie aus einem unpersönlichen Ursprung Persönlichkeit hervorgehen kann.

Das biblische Christentum hat aber eine befriedigende, vernünftige Erklärung für die Herkunft und den Sinn der menschlichen Persönlichkeit. Es kann die Quelle nennen – den persönlichen, dreieinigen Gott. Ohne diesen Ursprung bleibt dem Menschen nur die Theorie, Persönlichkeit sei aus dem Unpersönlichen (plus Zeit, plus Zufall) entstanden.

Wir stehen vor einer klaren Alternative: Entweder hat alles einen persönlichen Anfang, oder die Welt ist nur das Produkt des Unpersönlichen, im Lauf der Zeit durch Zufall entstanden. Die Tatsache, daß die zweite Möglichkeit mit Konnotationswörtern verschleiert werden kann, ändert nichts daran. Die Begriffe des asiatischen Pantheismus, die neuen theologischen Wortprägungen (wie z. B. Tillichs »Grund des Seins«), der Sprachgebrauch der Naturwissenschaftler (die z. B. Masse als Funktion von Energie oder Bewegung ausdrücken), alles endet schließlich beim Unpersönlichen plus Zeit, plus Zufall. Wenn es für die Persönlichkeit des Menschen wirklich keine andere Erklärung gibt, dann ist Persönlichkeit nichts weiter als eine Illusion, ein schlechter Witz, an dem auch die raffinierteste semantische Spielerei nichts ändern kann. Nur durch irgendeinen mystischen Sprung können wir akzeptieren, Persönlichkeit sei aus dem Unpersönlichen entstanden. In diese Position wurde Teilhard de Chardin gedrängt. Seine Antwort ist nur ein mystisches Wortgeklingel.

Weil diese Männer die einzige Erklärung, die den ihnen bekannten Tatsachen entspricht, nicht annehmen wollen, sind sie metaphysische Zauberkünstler geworden. Keiner von ihnen hat jemals erklären geschweige denn beweisen können, wie aus einem unpersönlichen Anfang plus Zeit plus Zufall Persönlichkeit entstehen kann. Sie lenken uns durch einen endlosen Wortschwall ab, und dann – hokuspokus – ziehen sie die Persönlichkeit aus dem Zylinder! Hier steigt das Wasser höher als seine Quelle. In der ganzen Geschichte des humanistischen, rationalistischen Denkens hat noch niemand eine Lösung gefunden. Infolgedessen muß der Philosoph entweder sagen, der Mensch sei tot, denn die Persönlichkeit sei nur eine Fata Morgana; oder er muß seine Vernunft an den Nagel hängen, um einen mystischen Sprung über die Schwelle zu tun, wobei er auf einer noch tieferen Ebene der Verzweiflung landet.

Sir Julian Huxley hat dieses Dilemma veranschaulicht, indem er als Atheist zugab, irgendwie könne der Mensch (entgegen aller Erwartung) besser leben, wenn er so handle, als gäbe es einen Gott. Diese Lösung erscheint auf den ersten Blick recht gangbar – ein Computer könnte sie ausspucken, nachdem man ihn mit den soziologischen Daten gefüttert hätte. Gott ist tot, aber handle so, als lebte er! Wenn wir aber einen Augenblick darüber nachdenken, wird uns klar, wie schrecklich diese Lösung ist. Der norwegische Dramatiker Ibsen drückte es folgendermaßen aus: Nehmen Sie einem Menschen seine Lüge, und Sie nehmen ihm seine Hoffnung.[2] Diese Denker behaupten praktisch, der Mensch könne nur dann für längere Zeit als Mensch leben, wenn er unter der Voraussetzung handle, daß eine Lüge (nämlich daß es den persönlichen Gott des Christentums gibt) wahr sei. Eine tiefere Verzweiflung kann man sich überhaupt nicht vorstellen. Diese Lösung ist nicht optimistisch, glücklich, vernünftig oder genial – sie bedeutet Finsternis und Tod.

Stellen wir uns folgendes vor: Es gibt ein Universum, das nur aus flüssigen und festen Stoffen besteht, ohne freie Gase. In diesem Universum schwimmt ein Fisch. Er paßt natürlich in diese Umgebung, kann darin leben. Und nehmen wir einmal an, dieser Fisch würde durch blinden Zufall, den die Entwicklungstheoretiker doch postulieren, Lungen entwickeln, während er in diesem Weltall schwimmt, in dem es keine freien Gase gibt. Nun könnte dieser Fisch nicht mehr als Fisch leben und seinen Zweck erfüllen. Wäre er in seinem neuen Zustand mit Lungen höher oder niedriger? Er wäre niedriger, denn er würde ertrinken. Dasselbe gilt für den Menschen: Wenn er nur durch Zufall aus dem Unpersönlichen entstanden ist, dann sind die Dinge, die ihn zum Menschen machen – Hoffnung auf Lebenssinn, Liebe, Moral, ethische Motivationen, Rationalität, Schönheit und sprachliche Kommunikation – stets unerfüllbar und infolgedessen sinnlos. Steht der Mensch in einer solchen Situation nun höher oder niedriger? Er wäre das niedrigste aller Lebewesen! Das Moos auf den Felsen wäre höher als er, denn es paßt in das Universum, in dem es lebt. Wenn die Welt den Behauptungen dieser Leute entspricht, so ist der Mensch (nicht nur als Individuum, sondern als Spezies) tot, weil er sein Wesen nicht verwirklichen kann. Dann sollte der Mensch keinen Grashalm niedertreten, sondern ihn verehren – denn dann steht der in der Ordnung der Dinge höher als er!

Keine Persönlichkeit – und dann?

Als ich vor einigen Jahren an einer amerikanischen Universität eine Reihe von Vorträgen hielt, ließ mir ein Student eine anonyme Mitteilung zukommen: »Würden Sie mir bitte eine Frage beantworten? Sie erwähnten einige Künstler, deren Ziel es sei, den Menschen zu vernichten. Was soll ich tun? Auch ich möchte vernichten.«

Dieser Student hatte den Kern des heutigen Dilemmas begriffen. Viele junge Menschen – ob es nun Mods, Rockers oder rebellierende Studenten sind – drücken in ihrer Zerstörungswut ihren Nihilismus aus. Sie gehen von der berechtigten Frage aus: Wenn das ganze Leben sinnlos und letztlich absurd ist, warum dann »normal« leben? Warum uns anpassen, als hätte das Ganze einen Sinn? Die Gesellschaft kommt deshalb so schlecht mit ihnen zurecht, weil sie ja recht haben, falls wirklich alles letztlich absurd ist – weil ihre nihilistischen Folgerungen aufrichtiger sind als die romantischen und semantischen Antworten, die die ältere Generation gibt.

Angesichts dieses modernen Nihilismus fehlt es vielen Christen an Mut. Andere haben oft den Eindruck, wir klammerten uns um jeden Preis an äußere Formen, obwohl es Gott in Wirklichkeit nicht gäbe. Das Gegenteil sollte jedoch der Fall sein: Die Menschen sollten sehen, daß wir um jeden Preis die Wahrheit suchen und uns nicht mit abgedroschenen Phrasen zufrieden geben. Wir sollten klarstellen, daß wir diese Frage nach Wahrheit und Persönlichkeit so ernst nehmen, daß wir — sollte Gott nicht existieren — als erste den Mut hätten, unser »normales« Leben an den Nagel zu hängen. Nur wenn wir diese Haltung beweisen, können wir hoffen, daß uns auch die Radikalen ernst nehmen und uns zuhören. Wenn sie nicht erkennen können, daß wir aufgrund unserer Integrität mit ihnen aus der Gesellschaft »aussteigen« und diese zerstören würden, wüßten wir nicht, daß wir eine angemessene Basis für Persönlichkeit und moralische Werte haben, werden und sollten sie uns nicht zuhören.

Nach der Tonbandaufnahme meines damaligen Vortrags habe ich auf die Frage des Studenten, der zur Zerstörung bereit war, geantwortet: »Wenn wir wirklich in einer solchen wesensmäßig unpersönlichen Welt leben — ob man diese Tatsache nun durch einen asiatischen, modern-theologischen oder säkularen Pantheismus verhüllt oder nicht, spielt keine Rolle —, wenn ich, wenn alle Menschen mit ihren Hoffnungen und ihrem Streben nichts sind als Zufallsprodukte ohne Erfüllungsmöglichkeit, nichts weiter als ein mieser Witz, dann kommen Sie doch rauf aufs Podium — dann will ich nämlich auch zerstören. Ja, alle, die so denken, sollten sich diesem jungen Mann anschließen und alles in Stücke hauen. Wäre ich ein Künstler — ich wollte zerstören. Ich würde mit Karl Appel sagen: ›Ich male nicht, ich haue drauf!‹ Ich würde mit John Cage sagen: ›Alles nur Zufall‹, und teuflischen Lärm und Krach schlagen. Wir müssen uns aber auch klarmachen, was in einem solchen Fall Liebe bedeutet. Dann könnte ich nämlich aus Liebe auf den roten Knopf drücken und die ganze Menschheit in die Luft jagen! Das ist die letzte Alternative: Hat das Wort ›Persönlichkeit‹ einen wirklichen Inhalt, dann sind Liebe und Fürsorge sinnvoll, dann ist es vernünftig, die Menschheit am Leben zu erhalten. Ist hingegen alles sinnlos und absurd, dann führt Liebe zur Zerstörung, denn das entspräche der Wirklichkeit. Und unter diesen Voraussetzungen würde dann eines Tages nicht nur der einzelne, sondern die gesamte Menschheit zerstört werden.

Der Fragesteller hat das ganz richtig verstanden. Stimmten seine Voraussetzungen, dann würde ich Seite an Seite mit ihm zerstören. Ich möchte ihn aber bitten, auch jene andere Möglichkeit aufrichtig zu prüfen — die Möglichkeit, daß seine Voraussetzung falsch ist, die Möglichkeit, daß wir einen persönlichen Ursprung haben und somit ›Persönlichkeit‹ einen wirklichen Sinn hat — meine Persönlichkeit und die Persönlichkeit aller Menschen auf dieser Welt. Dies ist die Alternative, die sich aus diesen beiden Positionen ergibt. Hier geht es nicht um Theorien, sondern um die grundlegenden Fragen unserer Lebensauffassung. Wer ein romantisches Konzept zerstören will, das keine Basis hat, der soll es nur ja zerstören! Wir alle haben ein Recht auf eine realistische Antwort! Dies ist der Maßstab, den wir an die moderne Theologie und das gesamte moderne Denken anlegen müssen.«

Dies ist die wirkliche Alternative: Entweder gibt es ein wesensmäßig persönliches Sein im Sinne einer Schöpfung durch einen persönlichen Gott, oder uns bleibt nur der teuflische Lärm eines John Cage!

2. Kapitel

Verifizierbare Fakten und Erkenntnis

Nach biblischer Lehre hat ein persönlicher Gott den Menschen in seinem Bild erschaffen, und von dieser Voraussetzung her ist die Behauptung, Gott habe sich dem Menschen in sprachlicher Form offenbart, kein Nonsens. Warum sollte er sich nicht in sprachlicher Form mitteilen, nachdem er den Menschen als ein Wesen geschaffen hat, das sich in seinem Denken und in der Kommunikation mit anderen Menschen der Sprache bedient? Hat Gott den Menschen wirklich in seinem Bild erschaffen, warum sollte er sich diesem sprechenden Wesen nicht in dieser Weise offenbaren? Kommunikation vollzöge sich dann auf drei Ebenen: Von Gott zum Menschen und umgekehrt; vom Menschen zum Mitmenschen; und vom Menschen zu sich selbst (im Denken). Natürlich kann man die Voraussetzung bestreiten, aber davon ausgehend ist unsere Behauptung weder widersprüchlich noch unsinnig. Unsinnig wird sie erst dann, wenn man voraussetzt, daß die ganze Welt ein geschlossenes System von Ursache und Wirkung ist. Wer daran festhält, daß Ursache und Wirkung niemals durchbrochen wird oder durchbrochen worden ist, der muß sich allerdings der Frage stellen, ob seine Auffassung wirklich allen uns bekannten Tatsachen gerecht wird.

Warum sollte keine Kommunikation in festen Aussagen zwischen Gott und dem Menschen möglich sein, jenem sprechenden Wesen, das er so geschaffen hat, daß es sich in dieser Weise seinesgleichen mitteilen kann? Die biblische Position schließt also die Möglichkeit verifizierbarer Fakten ein: Ein persönlicher Gott teilt sich dem Menschen in sprachlicher und logischer Form mit – er spricht nicht nur über das, was man heute als »religiöse Wahrheiten« bezeichnet, sondern auch über die Gebiete der Geschichte und der Naturwissenschaft.

Gott hat die Offenbarung der Bibel in einen geschichtlichen Rahmen gestellt; er hat sie uns nicht (wie er es durchaus hätte tun können) in Form eines theologischen Lehrbuches gegeben. Wenn aber die Offenbarung in die Geschichte eingebettet ist, warum hätte Gott sie dann mit falschen historischen Angaben verknüpfen sollen? Gott hat den Menschen in eine Welt gestellt, die, wie die Schrift es selbst sagt, von diesem Gott Zeugnis gibt.

Warum hätte Gott in seiner biblischen Offenbarung falsche Angaben über die Welt machen sollen?

Wir sehen also, daß – vom biblischen Standpunkt her – das gesamte Erkenntnisfeld eine Einheit bildet. Gott hat uns in der Form sprachlicher Aussagen die Wahrheit über sich selbst und die Wahrheit über den Menschen, die Geschichte und die Welt mitgeteilt. Hier finden wir also eine angemessene Grundlage für ein einheitliches Erkenntnisfeld – eine Einheit, die sowohl den oberen als auch den unteren Bereich umfaßt. Hier finden wir die Lösung des Problems der Einheit von Natur und Gnade sowie der Frage des modernen Menschen nach der Erkenntnis oberhalb und unterhalb der anthropologischen Linie. Eine einheitliche Erkenntnis ist deshalb möglich, weil Gott über alle Bereiche der Erkenntnis die Wahrheit gesagt hat.

Wir dürfen aber auch nicht in den umgekehrten Fehler verfallen und sagen: Weil Gott wahre Aussagen über die Welt gemacht hat, ist wissenschaftliche Forschung überflüssig. Das wäre ein Trugschluß. Wenn wir behaupten, Gott habe *wahre* Aussagen gemacht, so heißt das nicht, seine Aussagen wären *erschöpfend*. Selbst auf zwischenmenschlicher Ebene gibt es keine erschöpfende Kommunikation, auch wenn unsere Mitteilungen wahr sind. So soll auch unsere Erkenntnis über das Universum nicht auf einer Stufe stehen bleiben, wenn auch der unendliche Gott wahre Aussagen über sein gesamtes Schöpfungswerk gemacht hat. In seinem Bild geschaffen sind wir vernunftbegabte Lebewesen und können und sollen als solche die geschaffene Welt erforschen und neue Wahrheiten entdecken.

Gott sagt also gewissermaßen: Lernt von der Wahrheit, die ich in die objektive Welt hineingelegt habe. Weil der Mensch begrenzt ist, hat er in der ihn umgebenden Welt keinen ausreichenden Bezugspunkt, wenn er ausschließlich und autonom von sich selbst ausgeht; er braucht also ein bestimmtes Grundwissen. Das schenkt uns Gott in der Bibel. Im Rückgriff darauf kann der Wissenschaftler die letzten Zusammenhänge der von ihm entdeckten Wahrheiten begreifen. So kann die wissenschaftliche Forschung selbst der Verherrlichung Gottes dienen, indem der Mensch in der Welt, in die ihn Gott hineingestellt hat, die ihm gemäße Funktion übernimmt. Er macht Aussagen über das, was wirklich da ist, und erweitert damit das Wissen seiner Mitmenschen.

Der Wissenschaftler kann also durch seine Forschung Gott dienen.

Die moderne Theologie kann keinen angemessenen Rahmen für die Sicherung von Fakten und Erkenntnissen stellen, denn sie negiert die Möglichkeit einer Aussage Gottes über die beiden einzigen Punkte, die diskutierbar und verifizierbar sind — die Geschichte und das Universum. Von diesen beiden losgelöst, kann »religiöse Wahrheit« nicht mehr logisch erörtert werden. Bezzant weist in seinem Buch *Objections to Christian Belief*[1] überzeugend nach, wie einschneidend die Wahrheitsfrage ist. Obwohl Bezzant zu den alten Liberalen gehört und sein Buch in mancherlei Weise destruktiv wirkt, hat er doch diesen Punkt ganz klar gesehen. Nachdem er die historische christliche Position angegriffen hat, macht er plötzlich eine Kehrtwendung und schießt aus allen Rohren auf die Neo-Orthodoxie los: »Wenn man mir sagt, gerade ihre Nichtausweisbarkeit sichere die christliche Verkündigung vor dem Vorwurf, Mythologie zu sein, so antworte ich darauf, daß Nichtausweisbarkeit nichts ›sichern‹ kann als Nichtausweisbarkeit, und so etwas nennt man im allgemeinen Unsinn.« Ein großartiger Satz! Hier hat er die fatale Schwäche der modernen Theologie aufgedeckt. Wie sehr sie sich auch verkleiden mag, sie bleibt doch irrational; ihre Aussagen lassen sich nie wirklich diskutieren, denn sie sind nicht verifizierbar.

Michael Green vom London College of Divinity sagte einmal auf einer Konferenz, zu der auch ich als Redner eingeladen war: »Bultmann ist jeden Sonntag zwanzig Minuten lang unfehlbar.« Das heißt, die moderne Theologie kann lediglich predigen und die Menschen auffordern, zu glauben oder nicht zu glauben — die Vernunft hat hier nichts verloren. Auf diese Weise wird aber der Mensch zu einem Wesen degradiert, das noch *unter* dem gefallenen Menschen der biblisch-christlichen Lehre rangiert.

Die Antwort des historischen Christentums zu verifizierbaren Fakten und Fragen der Erkenntnis beruht auf dem Wissen, wer Gott ist, beruht auf dem wirklichen Gegenüber. Der Gott, der nach Aussage der Bibel wirklich da ist, ist der persönlich-unendliche Gott. Es gibt keinen anderen Gott, der diesem gleich wäre. Es ist lächerlich zu behaupten, alle Religionen lehrten im Grunde dasselbe, während sie sich doch an diesem fundamentalen Punkt, nämlich dem Gottesbegriff, unterscheiden. Die Götter des Ostens sind *per definitionem* unendlich — »Gott ist alles, was ist«. Dies ist der Pan-all-ismus-Gott. Die Götter des Westens — also etwa die Götter der Griechen, der Römer und der Germanen – waren zumeist persönlich, aber endlich. Der Gott der Bibel hingegen, also der Gott des Alten und des Neuen Testaments, ist der unendlich-persönliche Gott.

Dieser Gott hat seine Schöpfung in verschiedene Rangstufen eingeteilt:

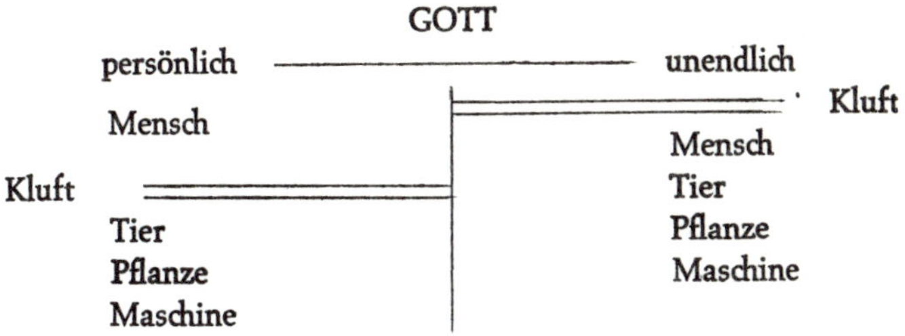

Welches Verhältnis hat die Schöpfung zu Gott, welches haben ihre verschiedenen Teile untereinander? Auf der Seite der Unendlichkeit besteht eine Kluft zwischen Gott und der gesamten Schöpfung. Ich, das endliche Geschöpf, bin wie das kleinste Atom oder Energiepartikel von Gott, dem unendlichen Schöpfer, getrennt.

Auf dieser Weise stehe ich Gott kein Stück näher als die Maschine.

Auf dieser Seite stehe ich Gott kein Stück näher als die Ma-Kluft zwischen dem Menschen und der übrigen Schöpfung. Eine solche dynamische Konzeption ist dem modernen Menschen und der modernen Theologie völlig unbekannt. So konnte sich Albert Schweitzer mit dem Nilpferd auf eine Stufe stellen, weil er den höheren Bezugspunkt des Menschen nicht erkannte; deshalb blickte er nach unten, zu einer Kreatur, die ja in der Tat manches mit ihm gemeinsam hat. Wenn wir aber erkennen, daß wir auf der Seite der Persönlichkeit einen höheren Bezugspunkt haben, dann bekommt alles, was zum »Menschsein« des Menschen gehört, einen Sinn.

Der Christ, der an der Lehre der Bibel festhält, weiß, daß der Mensch aufgrund seiner Persönlichkeit Gott wirklich, wenn auch nicht erschöpfend erkennen kann. Im Gegensatz zur modernen Theologie steht er nicht vor der Alternative, entweder Gott völlig zu erkennen oder überhaupt keine Kenntnis von ihm zu haben. Wir sind nicht gezwungen, das Unendliche völlig zu erkennen.

Der moderne Mensch und die moderne Theologie kennen nur diese Situation:

Das Unendliche

——————————————— Kluft

Mensch
Tier
Pflanze
Maschine

Der moderne Mensch hat zwischen Persönlichkeit und Unendlichkeit einen Keil getrieben und behauptet, Persönlichkeit sei mit Endlichkeit, mit Begrenzung gleichzusetzen. Der Christ dagegen sagt, Persönlichkeit sei wesensmäßig nur dadurch begrenzt, daß sie nicht gleichzeitig unpersönlich sein könne. Die Behauptung, Persönlichkeit sei notwendigerweise auch in anderer Hinsicht begrenzt, bildet eine unbeweisbare und unhaltbare Hypothese. Natürlich sind menschliche Persönlichkeiten auch in anderer Hinsicht begrenzt, aber doch nur deshalb, weil sie endliche Geschöpfe, nicht aber weil sie Persönlichkeiten sind. *Persönlichkeit als solche setzt nicht unbedingt Endlichkeit voraus.*

Ein Atheist aus Israel fragte mich einmal in einem Brief: »Warum sollte ein Mensch seinen Sohn zu den Ameisen senden und ihn von den Ameisen töten lassen, um so die Ameisen zu retten? Ist das nicht sinnlos?« Ich erwiderte, das wäre in der Tat sinnlos, denn der Mensch sei als Persönlichkeit völlig von den Ameisen getrennt. Der Mensch hat mit den Ameisen lediglich die Kreatürlichkeit gemeinsam. Auf dem Gebiet der Persönlichkeit hingegen ist der Mensch nach oben, zu Gott hin ausgerichtet, und deshalb haben die Inkarnation und der Tod des Sohnes Gottes zur Rettung des Menschen einen Sinn. Der Sinn der Inkarnation und der Kommunikation zwischen Gott und dem Menschen steht und fällt mit der Tatsache, daß der Mensch als Mensch im Bilde Gottes geschaffen ist.

Göttliche und menschliche Kommunikation

Was Gott dem Menschen mitgeteilt hat, ist wahr, aber nicht erschöpfend – diese wichtige Unterscheidung müssen wir stets beachten. Für ein erschöpfendes Wissen müßten wir unendlich sein wie Gott. Das werden wir aber nicht einmal im Himmel sein.

Gott hat zum Menschen gesprochen – nicht nur über den Kosmos und die Geschichte, sondern auch über sich selbst. Die auf diese Weise mitgeteilten Wesenszüge Gottes sind für Gott selbst, den »Sender« dieser Kommunikation, wie für den Menschen, den »Empfänger« dieser Kommunikation, sinnvoll. Was Gott von seinen Wesenszügen offenbart hat, hat nicht nur unterhalb der Linie des Menschen Gültigkeit (als werde Gott ins Bild des Menschen hineingepreßt). Die anthropologische Linie verläuft nicht wie ein eherner Himmel undurchdringlich über unseren Köpfen, und der Gott, der gesprochen hat, ist nicht das unerkennbare Unendliche oberhalb dieser Linie. Der Gott, der den Menschen in seinem eigenen Bilde geschaffen hat, teilt ihm wahre Wahrheit über sich selbst mit – und zwar nicht lediglich im Rahmen existentieller Erfahrungen oder inhaltsloser »religiöser Ideen«. Wir haben Zugang zu wahrer Erkenntnis – das zeigt die Heilige Schrift an einfachen, aber überzeugenden Beispielen: Als Gott die Gebote auf Steintafeln schrieb[2] oder als Jesus den Paulus auf der Straße nach Damaskus in hebräischer Sprache anredete[3], bedienten sie sich dazu einer wirklichen, grammatikalisch und lexikalisch gefaßten Sprache, einer Sprache, die der Angeredete, der »Empfänger«, verstehen konnte.

Wenn zwei Menschen miteinander reden, bestehen bei diesem Austausch von Worten theoretisch drei Möglichkeiten. Einmal kann überhaupt keine Kommunikation stattfinden – wenn etwa die Denkvoraussetzungen der Gesprächspartner zu verschieden sind. Die zweite Möglichkeit wäre das genaue Gegenteil: »Sender« und »Empfänger« füllen die übermittelten Sprachzeichen mit identischen Bedeutungsinhalten, so daß eine erschöpfende Kommunikation stattfindet. In der Praxis dürfte wohl keine dieser beiden extremen Möglichkeiten jemals eintreten.

Die Haltlosigkeit der Behauptung, jegliche Kommunikation sei unmöglich, zeigte sich bei einem Gespräch, das ich vor einiger Zeit mit einem Studenten der St. Andrews-Universität in Schottland führte. Einige Studenten hatten mir gesagt, man könne sich kaum mit ihm unterhalten, denn er rede ihrer Meinung nach dummes Zeug, und sie hätten einfach keine gemeinsame Gesprächsgrundlage. Ich hatte eine halbe Stunde Zeit für eine Unterhaltung mit ihm. Wir gingen auf sein Zimmer, und schon nach zwei Minuten sagte er: »Dr. Schaeffer, ich glaube, zwischen uns besteht keine Kommunikation.« Ich nahm einen neuen Anlauf. Zwei Minuten später unterbrach er mich wieder: »Dr. Schaeffer, ich glaube, wir verstehen uns nicht.« Das konnte ja heiter werden! Sollte die halbe Stunde etwa als

Nonsens-Sitzung verlaufen? Da bemerkte ich, daß er für meinen Besuch eine Kanne Tee zubereitet hatte. So sagte ich ziemlich brummig: »Gießen Sie mir doch bitte eine Tasse Tee ein.« Er stutzte, reichte mir eine Tasse mit Tee, worauf ich sagte: »Ich glaube, zwischen uns besteht doch Kommunikation.« Von da an hatten wir ein fruchtbares Gespräch!

Es ist doch einfach eine Tatsache, daß niemand, der sich intensiv mit Linguistik beschäftigt hat, allen Ernstes behaupten kann, jegliche Kommunikation sei ausgeschlossen, nur weil unser Verständnis der Worte, Idiome und Redewendungen, die wir benutzen, von unserem eigenen Hintergrund geprägt ist! Andererseits müssen wir aber vorsichtig sein: Wir dürfen nicht voraussetzen, daß unser Gesprächspartner mit einem bestimmten Begriff dieselben Vorstellungen verbindet wie wir selbst. Diese Auffassung wäre höchst naiv. Im zwischenmenschlichen Gespräch herrscht wirkliche, aber niemals erschöpfende Kommunikation. Dies ist die dritte und einzig realistische Möglichkeit eines Gesprächsverlaufs zwischen zwei Menschen.

Was wir über Kommunikation im zwischenmenschlichen Bereich gesagt haben, gilt auch für die Kommunikation zwischen Gott und Mensch. Aus der biblischen Darstellung läßt sich schließen: Weil der Mensch im Bilde Gottes geschaffen ist, unterscheidet sich die Kommunikation zwischen Gott und dem Menschen nicht grundsätzlich von der Mitteilung von Mensch zu Mensch. Wir sind endlich, Gott ist unendlich, und doch können wir seine Aussagen wirklich verstehen.

Liebe ist kein leeres Wort

Wenn wir uns das einmal klargemacht haben, erleben wir diese Welt anders als der moderne Mensch, der darin in einen ständigen Kampf verwickelt ist. Unter diesen Voraussetzungen braucht der Mensch nicht mehr zu zerstören; dann ist es sinnvoll, zu leben, etwas aufzubauen und zu lieben. Dann treibt der Mensch nicht mehr haltlos dahin. Wie unterschiedlich diese beiden Welten sind, zeigt sich etwa an der Bedeutung der Liebe. Zu Recht mißt der moderne Mensch da, wo es um die Frage der Persönlichkeit geht, der Konzeption der Liebe eine entscheidende Bedeutung zu. Aber gerade hier stößt er auf ein wirkliches Problem — was heißt das denn eigentlich: Liebe? Er benutzt zwar das Wort »Liebe« als Aufhänger für alles Mögliche, aber dieses

Wort droht immer mehr entwertet zu werden, weil er seinen Inhalt im Grunde nicht kennt. Er hat keinen angemessenen Bezugspunkt für die Liebe.

Der Christ hingegen hat den angemessenen Bezugspunkt, von dem aus er die Bedeutung der Liebe ermessen kann. Von der Trinität, die vor aller Schöpfung da war, wissen wir unter anderem, daß vor Grundlegung der Welt zwischen ihren Personen Liebe herrschte.[4] Aufgrund dieser Tatsache hat die Liebe im zwischenmenschlichen Bereich ihren Ursprung nicht im Zufall, sondern im Wesen des ewigen Gottes.

Oberhalb der anthropologischen Linie hat Gott der Vater Gott den Sohn vor Grundlegung der Welt geliebt – Liebe auf horizontaler Ebene. Aber seine Liebe zielt auch in vertikale Richtung – Gott liebt auch mich, der ich unterhalb der anthropologischen Linie bin. Seine Liebe hat in Wort und Tat die Linie des Menschen von oben her durchbrochen. Auf derselben vertikalen Ebene soll auch ich Gott lieben – die Liebe hat in Wort und Tat die Linie von unten her überschritten. Schließlich soll ich nach Gottes Gebot meine Frau, meine Kinder, meine Mitmenschen unterhalb der Linie lieben. Diese Liebe bewegt sich also horizontal, unterhalb der anthropologischen Linie.

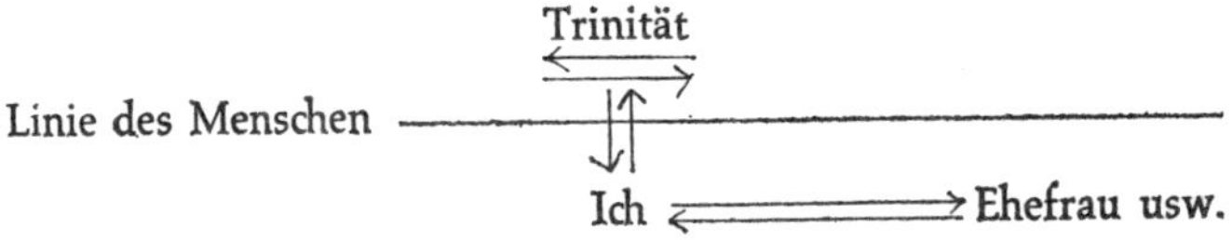

Daraus folgt zweierlei: Erstens kann ich die Aussage, daß Gott, der Vater, den Sohn liebt, wirklich erfassen. Wenn ich einen jungen Mann und ein Mädchen, die sich offensichtlich lieben, Arm in Arm gehen sehe, so kann ich nicht völlig ermessen, was sie füreinander empfinden; aber weil auch ich meine Frau liebe, betrachte ich die beiden anders als sie etwa ein Hund betrachten würde. Ich verstehe sie nicht völlig, aber ich verstehe sie richtig – ein echter Analogieschluß ist möglich. Und wenn ich davon spreche, daß schon vor der Schöpfung innerhalb der Trinität Liebe herrschte, so rede ich kein dummes Zeug. Ich bin zwar weit davon entfernt, die ganze Tiefe der Liebe Gottes zu erkennen, aber wenn Jesus sagt, der Vater habe ihn vor Grundlegung der Welt geliebt, dann hat das Wort »Liebe« und ihre Realität eine wirkliche Bedeutung für mich.

Zweitens: Wenn ich meine Frau liebe, so erhält diese Liebe ihren Sinn weder ausschließlich aus dieser individuellen Beziehung, noch aus der Liebe aller Männer zu allen Frauen, ja nicht einmal aus der Gesamtheit der endlichen Liebe. Meine Liebe erhält vielmehr daher ihre Gültigkeit und Bedeutung, daß innerhalb der Trinität zwischen dem Vater und dem Sohn Liebe herrscht. Dann ist nämlich der Satz »Ich liebe« keine unsinnige Phrase, sondern hat eine wirkliche Bedeutung. Er ist verankert in der persönlichen Beziehung, die von Ewigkeit her innerhalb der Trinität herrschte. Dann ist die menschliche Liebe kein Zufallsprodukt, das stets ohne Erfüllung bleiben muß. Sie hat vielmehr einen Sinn, ist schön und wunderbar — ist eine Beziehung, die Freude schenkt und sich an der Freude entzündet.

Und dies ist der zweite grundlegende Unterschied zwischen dem wahren Christentum und der modernen Theologie: Diese liefert keine Grundlage für verifizierbare Fakten und für Erkenntnis. Sie kann also nichts über den Inhalt von Worten aussagen, mit denen Gott oberhalb der anthropologischen Linie beschrieben wird. Folglich kann sie auch die Bedeutung und den Wert eines Wortes wie »Liebe« nur im Bereich des endlichen Menschen suchen. *Inzwischen dürfte klar sein, daß Christentum und moderne Theologie lediglich in einer gemeinsamen Terminologie übereinstimmen — und selbst diese ist mit verschiedenen Inhalten gefüllt.*

3. Kapitel

Das Dilemma des Menschen

Bisher haben wir zwei Bereiche betrachtet, in denen sich das Christentum und die moderne Theologie fundamental unterscheiden – die Bereiche der Persönlichkeit und der Erkenntnis. Aber es gibt noch eine dritte Frage, an der sich die Geister radikal scheiden – die Frage nach dem Dilemma des Menschen. Wer die Welt, in der er lebt, aufmerksam und mit innerem Engagement betrachtet, der erkennt etwas von dem entsetzlichen Dilemma des Menschen, der zu großartigen Taten fähig ist und gleichermaßen in die tiefsten Tiefen von Grausamkeit und Tragik versinken kann. Der moderne Mensch ringt verzweifelt mit dem Problem des Menschen in diesem Dilemma. In der heutigen Malerei – denken wir an Dalis Bilder – wird in den Kreuzigungsszenen im Grunde genommen nicht der geschichtliche Kreuzestod Christi dargestellt, sondern das Christussymbol dient als Ausdrucksmittel für den Menschen in seiner Agonie.

Natürlich können wir versuchen, uns aus dem menschlichen Dilemma herauszuhalten. Das gelingt aber nur, wenn wir so jung, so gesund, so reich und so egoistisch sind, daß wir unseren Mitmenschen gleichgültig gegenüberstehen können.

Für das Dilemma des Menschen gibt es nur zwei mögliche Erklärungen. Die erste geht von einer *metaphysischen Ursache* aus. Sie besagt praktisch, das Problem des Menschen liege darin, daß er zu klein, zu begrenzt sei, um mit den ihn konfrontierenden Faktoren fertig zu werden. Die zweite Erklärung ist grundlegend anders. Sie führt das menschliche Dilemma auf eine *moralische Ursache* zurück. Stimmt die erste Erklärung, dann müssen wir schließen, der Mensch habe schon immer in diesem Dilemma gesteckt. So behauptet z. B. die moderne Theologie, der Mensch sei von jeher ein gefallener Mensch gewesen. Das bedeutet aber, daß es für das Problem des Bösen und der Grausamkeit keine moralische Erklärung gibt. Wenn nämlich der Mensch – sei er irgendwie von einem seltsamen, »Gott« genannten Wesen erschaffen oder vom Zufall in diese Welt geworfen – schon immer in diesem Dilemma steckte, dann gehört dieses Dilemma unabdingbar zu seinem Wesen. Wenn es aber zu seinem Wesen gehört und immer gehört hat, dann müssen wir mit dem französischen Kunsthistoriker und Dichter Baudelaire sagen: »Wenn es einen Gott gibt, so ist er der Teufel.« Diese Aussage ist die logische Folgerung aus der Prämisse, der Mensch mit all seiner Grausamkeit und seinem Leid sei schon immer so gewesen wie er heute ist. Hier war Baudelaire konsequent, indem er sich weigerte, irgendeine romantische Alternative als Erklärung anzubieten. Die Bibel geht allerdings von einer völlig anderen Prämisse aus.

Ich erinnere mich an ein Gespräch mit einigen jungen Leuten in der Studentenbude eines jungen Südafrikaners in Cambridge. Unter den Anwesenden befand sich ein junger Inder, der aus dem Sikhismus stammte, allerdings Anhänger des Hinduismus war. Er griff das Christentum heftig an, obwohl er nicht einmal die Probleme seiner eigenen Religion durchdacht hatte. So sagte ich: »Stimmt meine Behauptung, daß sich nach Ihrem Lehrsystem Grausamkeit und Nichtgrausamkeit letztlich gleichen, daß zwischen ihnen kein wesensmäßiger Unterschied besteht?« Er stimmte zu. Die jungen Leute, die ihn als angenehmen Menschen, als »Gentleman« vom Scheitel bis zur Sohle kannten, blickten ihn erstaunt an. Der Student aber, in dessen Zimmer wir beisammen waren, hatte die Tragweite dieser Lehre des Sikhismus verstanden. Er nahm den Kessel, in dem das Wasser für den Tee kochte, und hielt ihn mit seinem dampfenden Inhalt über den Kopf des Inders. Der blickte auf und fragte, was das denn bedeuten solle, und erhielt die freundliche, aber bestimmte Antwort: »Zwischen Grausamkeit und Nichtgrausamkeit besteht doch kein Unterschied!« Daraufhin marschierte der Hindu aus dem Zimmer.

Die metaphysische Erklärung für das menschliche Dilemma ist keine abstrakte Theorie – wenn sie stimmt, dann sind selbst die edelsten Taten des Menschen in Wirklichkeit sinnlos.

Das Ärgernis des Kreuzes

Ein ernst zu nehmender Kommentar zum Dilemma des Menschen findet sich in Albert Camus' *Die Pest.* Zu Beginn des Zweiten Weltkrieges schleppen Ratten diese Seuche nach Oran ein, und bei oberflächlicher Betrachtung könnte man meinen, Camus wolle hier lediglich die Katastrophe schildern, die jeder Stadt zustoßen kann. Aber es geht ihm um tiefere Probleme. Er stellt den Leser vor eine schwere Wahl: Entweder muß er dem Arzt zur Seite stehen und die Pest bekämpfen, wobei er – so sagt Camus – gleichzeitig Gott bekämpft; oder er kann sich auf die

Seite des Priesters stellen, die Pest nicht bekämpfen und damit unmenschlich sein. Dies ist die Alternative: Vor diesem Dilemma stand Camus und stehen alle, die – wie er – die christliche Antwort nicht kennen.[1]

Aber auch die moderne Theologie weist keinen Ausweg aus diesem Dilemma. Ihre Anhänger landen immer wieder bei Camus' Problem und Baudelaires Aussage. Wenn sie von ihrer Position aus die Welt betrachten wie sie wirklich ist, muß ihnen ihre Vernunft sagen, daß Gott der Teufel ist. Weil sie aber mit dieser Schlußfolgerung nicht leben können, behaupten sie in blindem Glauben, Gott sei gut. Genau das sei – so sagen sie – »das Ärgernis des Kreuzes«: Wider allen äußeren Schein und wider alle Vernunft zu glauben, daß Gott gut ist. Hier müssen wir nachdrücklich widersprechen. Dies ist nicht das »Ärgernis des Kreuzes«! Das wahre Ärgernis besteht darin, daß man das Evangelium noch so klar und treu verkündigen kann und die Welt sich doch an einem bestimmten Punkt davon abwenden wird, weil sie sich gegen Gott auflehnt. Die Menschen lehnen das Evangelium nicht deshalb ab, weil es ihnen sinnlos erscheint, sondern weil sie sich nicht vor dem Gott beugen wollen, der wirklich da ist. Das ist das »Ärgernis des Kreuzes«.

Wohl verwendet die moderne Theologie die *Vokabel* Schuld, aber da sie nicht an einem echten moralischen Maßstab orientiert ist, sind damit letztlich doch nur Schuld*gefühle* gemeint. Und da in ihrem System kein Raum für wahre Schuld ist, muß auch der Tod Jesu am Kreuz eine völlig andere Bedeutung annehmen. Das Werk Christi und die Aufgabe der Kirche werden also umfunktioniert: Entweder zu einer Basis zur soziologischen Motivierung mit Hilfe undefinierter religiöser Begriffe oder zu einem Instrument zur psychologischen Heilung, ebenfalls unter Verwendung religiöser Vokabeln. In beiden Fällen können die Assoziationswörter von den Manipulanten nach Belieben gebraucht werden.

Es gibt auch eine entgegengesetzte Gefahr. Manche bibelgläubige Christen erkennen nicht, daß manchmal auch ohne wirkliche Schuld Schuldgefühle auftreten können. Wir müssen im Auge behalten, daß sich der Mensch beim Sündenfall nicht nur Gott und dem Mitmenschen entfremdete, sondern auch sich selbst. Deshalb können psychologische Schuldgefühle auftreten, ohne daß wahre Schuld vorliegt. Wo Menschen in diese Lage geraten, müssen wir ihnen echte Liebe erweisen. Da aber, wo echte moralische Schuld Gott gegenüber vorliegt, dürfen wir diese nicht auf die leichte Schulter nehmen oder — wie es die moderne Theologie tut — als psychologische Schuldgefühle interpretieren.

Die Position der modernen Theologie hat ferner zur Aufgabe der persönlichen Antithese im Rahmen der Rechtfertigungslehre geführt — für ihre Vertreter kann es keinen qualitativen Unterschied im Verhältnis des Menschen zu Gott geben. Die christliche Lehre dagegen besagt, daß der Mensch, der sich Jesus Christus als dem Retter anvertraut, von diesem Augenblick an vom Tod zum Leben durchgedrungen ist, aus dem Reich der Finsternis in das Reich von Gottes geliebtem Sohn.[2] Rechtfertigung bedeutet, von wirklicher Schuld freigesprochen zu sein und nicht mehr unter dem Verdammungsurteil zu stehen. Das ist eine absolute persönliche Antithese. Gibt es dagegen keine absolute Antithese zwischen moralisch und unmoralisch, grausam und nichtgrausam, dann kann allenfalls ein quantitativer Unterschied bestehen.

Hüten wir uns, uns mit der modernen Theologie einzulassen in der Hoffnung, wir könnten sie für unsere Zwecke einspannen! Wenn wir uns etwa bei Evangelisationen zur Zusammenarbeit entschließen, werden wir in die unangenehme Lage kommen, die moderne Theologie als christlich anerkennen zu müssen. Dann aber haben wir der biblischen Lehre den Boden entzogen, nach der die Rechtfertigung eine persönliche Antithese ist.

Weil die moderne Theologie der Antithese keinen Raum läßt und ihre Verfechter in Sünde und Schuld letztlich ein metaphysisches und nicht ein moralisches Problem sehen, trifft man dort — mehr oder weniger deutlich — eine Art Allversöhnungslehre an. Es ist naiv, wenn evangelikale Christen diesen Universalismus als eine rein zufällige Nebenerscheinung des neo-orthodoxen Systems betrachten. Die modernen Theologen mögen diesen Universalismus nicht immer ausdrücklich betonen, aber ihre Auffassung vom Dilemma des Menschen muß sie in diese Richtung treiben. Gerade an dieser Stelle läßt sich die innere Logik ihrer Konzeption zeigen: Sie kennen keine letztgültige Antithese zwischen »gut« und »böse«, also gibt es keine wirkliche moralische Schuld; dann aber ist es sinnlos, von Rechtfertigung als einer radikalen Veränderung des Verhältnisses zu Gott zu reden; dann kann aber niemand endgültig verdammt werden. Auf dem Boden ihres Lehrsystems ist diese Kette durchaus folgerichtig, der Universalismus gehört logisch zu ihrem Gesamtsystem.

Das historische Christentum und das Dilemma des Menschen

Das historische Christentum führt das Dilemma des Menschen auf eine moralische Ursache zurück. Ein freier Gott schuf den Menschen als eine freie Persönlichkeit. Darüber stolpert der Mensch des zwanzigsten Jahrhunderts, weil man ihn heute weitgehend als determiniert betrachtet – determiniert durch chemische Faktoren (wie bereits de Sade behauptete und Dr. Francis Crick zu beweisen versucht) oder durch psychologische Faktoren (wie Freud und andere lehrten und lehren). In beiden Fällen – oder aufgrund einer Fusion der beiden Theorien – wird der Mensch als programmiert betrachtet. Stimmt das, dann ist der Mensch nicht das wunderbare Wesen, von dem die Bibel spricht, im Bilde Gottes als Persönlichkeit geschaffen, die eine freie erste Entscheidung treffen konnte. Weil Gott ein reales Universum geschaffen hat (nicht als Ausdehnung seines Wesens), gibt es auch eine reale Geschichte. Der im Bilde Gottes geschaffene Mensch ist ein entscheidungsfähiger Mensch in einer beeinflußbaren Geschichte, ein Mensch, der frei wählen konnte, Gottes Gebot zu befolgen und ihn zu lieben oder gegen ihn zu rebellieren. Kein reformierter Theologe, wie calvinistisch er auch geprägt sein mag, würde bestreiten, daß Adam den Lauf der Geschichte beeinflussen konnte.

Mensch und Geschichte sind also wahrhaft signifikant. Hier unterscheidet sich die christliche Lehre grundlegend von der Zenbuddhistischen Aussage: »Der Geist des Menschen ist wie der Wind in einer Pinie auf einer chinesischen Federzeichnung.« Hier wird der Mensch gleich zweimal getötet: Er ist nur der Wind in der Pinie, und selbst der existiert nur auf einer Zeichnung. Das Christentum lehrt das Gegenteil dessen, was der Philosoph des Ostens sagt. Der Mensch kann den verstehen und dem antworten, der ihn geschaffen, sich ihm offenbart hat und ihn mit dem einfachen Gebot »Tu dies nicht« aufgefordert hat, ihm seine Liebe zu beweisen. Er hätte die Liebe des Menschen auch durch etwas anderes auf die Probe stellen können – es handelt sich also nicht um einen Akt primitiver Magie. Der unendlich-persönliche Gott fordert den persönlichen Menschen zu einer freien Entscheidung auf. Und er motiviert sein Gebot: ». . . denn an dem Tage, da ihr davon essen werdet, werdet ihr gewißlich sterben.«[3] Das hätte keinen Sinn, wenn der Mensch nur eine Maschine wäre. Der Mensch konnte sein Handeln selbst bestimmen, weil er anders geschaffen war als Tier, Pflanze und Maschine.

Wer verlangt, Gott hätte den Menschen so erschaffen sollen, daß er nicht in der Lage gewesen wäre, sich gegen ihn zu empören, der verlangt, Gott hätte sein Werk mit der Erschaffung von Pflanzen und Tieren abschließen sollen. Dann wäre der Mensch nämlich lediglich ein programmierter Roboter. Er würde gar nicht als Mensch existieren.

Wer das christliche System als umfassendes System begreifen will, der muß bei dem unendlich-persönlichen, dreieinigen Gott beginnen, der wirklich da ist und bei dem Kommunikation und Liebe herrschte, ehe irgend etwas anderes existierte. Wer begreifen will, wie der sündige Mensch wieder Gemeinschaft mit Gott erhalten kann, der muß bei Christus, seiner Person und seinem Werk anfangen. Wer hingegen die Unterschiede zwischen dem Christentum und den von der rationalistischen Philosophie angebotenen Lösungen begreifen will, der muß zunächst einmal einsehen, daß Mensch und Geschichte in ihrem jetzigen Zustand anormal sind. Philosophie und Christentum behandeln nicht etwa völlig verschiedene Problemkreise; aber das historische Christentum und die rationalistische Philosophie unterscheiden sich an diesem Punkt (ob Mensch und Geschichte jetzt als normal oder anormal anzusehen sind). Dazu kommt der Unterschied, daß das rationalistische Denken sich nur auf solche Erkenntnis gründet, die der endliche Mensch sich selbst erwerben kann.[4]

Das Christentum lehrt, daß der Mensch jetzt anormal ist, getrennt von seinem Schöpfer, seinem einzigen angemessenen Bezugspunkt – und zwar nicht aufgrund einer metaphysischen Begrenzung, sondern aufgrund wirklicher moralischer Schuld. Infolgedessen ist er jetzt auch seinem Mitmenschen, der Natur und sich selbst entfremdet. Begeht er also Grausamkeiten, so entspricht er nicht mehr seiner ursprünglichen Bestimmung. Grausamkeit ist ein Symptom der Anormalität und das Ergebnis eines moralischen, historischen, in Zeit und Raum geschehenen Falls.

Was bedeutet das – ein »historischer, in Zeit und Raum geschehener Fall«? Diese Formulierung sagt, daß dem Fall des Menschen eine bestimmte Zeitspanne voraufging; daß es einen Adam gab, der noch nicht in Sünde gefallen war; daß zu dem Zeitpunkt, an dem er sich gegen Gott empörte und durch eine freie Entscheidung Gottes Gebot übertrat, die Zeit ebenso ablief wie heute. Wer die ersten drei Kapitel der Bibel ablehnt, der kann weder eine wahrhaft christliche Position vertreten, noch die Lösung des Christentums verkünden.

4. Kapitel

Gottes Antwort auf das Dilemma des Menschen

Die Antwort des Christentums zeigt uns, daß es absolute moralische Werte gibt. Über Gott selbst steht kein Gesetz, denn Gott ist der Höchste. Die absoluten moralischen Werte beruhen also auf dem Wesen Gottes. Die Schöpfung entsprach in ihrer ursprünglichen Ordnung seinem Charakter. Die moralischen Gebote, die er den Menschen gegeben hat, sind Ausdruck seines Charakters. Die Menschen sollen als in seinem Bilde geschaffene Wesen ihr Handeln frei entscheiden, und das Wesen Gottes bietet ihnen den Maßstab. Alles, was seinem Charakter nicht entspricht, ist unmoralisch.

Gott kennt auch die Dinge, die noch nicht aktualisiert sind. So wußte er z. B. alles über Eva, doch wurde sie erst durch seine Schöpfung aktualisiert. Das kann auch auf das Gebiet der Moral übertragen werden. Wenn der Mensch sündigt, schafft er einen Sachverhalt, der dem moralischen Gesetz des Universums zuwiderläuft, und infolgedessen ist er moralisch und rechtlich schuldig. Weil der Mensch dem Gesetzgeber des Universums gegenüber schudig ist, indem er seinem Charakter zuwiderhandelt, hat seine Sünde Konsequenzen und ist er selbst in einer beeinflußbaren Geschichte moralisch verantwortlich – er hat wahre moralische Schuld. Das ist unvereinbar mit der modernen Denkweise, wonach Handlungen nicht zu Schuld führen können und daher moralisch bedeutungslos sind. Selbst die gemeinste Tat hat keine moralische Bedeutung. »Gute« und »böse« Handlungen sind letztlich beide gleich null. Gerade das aber hat entscheidend dazu beigetragen, daß der moderne Mensch den Menschen als eine Null bewertet.

Die christliche Antwort geht davon aus, daß der Mensch ein im Bilde seines Schöpfers geschaffenes moralisches Wesen ist; daß es ein Gesetz im Universum gibt, durch dessen Übertretung der Mensch schuldig wird. Nach dieser Sicht ist der Mensch sowohl im Bezug auf Gott als auch auf seinen Mitmenschen moralisch entscheidungs- und verantwortungsfähig. Die moderne nicht-christliche Antwort bestreitet absolute moralische Maßstäbe, weigert sich, irgendein moralisches Urteil über menschliche Handlungen zu fällen, und so werden grausame und nicht-grausame Handlungen auf dieselbe Stufe gestellt. Dadurch wird nicht nur der Begriff »Sünde« weit unter das biblische Verständnis degradiert, sondern auch der *Mensch* erhält weit weniger Wert als der gefallene Mensch, wie ihn die Bibel sieht.

Setzt sich die moderne Auffassung durch – ist also der Mensch heute so, wie er immer war und immer sein wird – so gibt es für das Dilemma des Menschen keine Lösung. Hat aber der Zustand des Menschen eine moralische Ursache und ist das Dilemma die Folge des Sündenfalls, dann besteht die Möglichkeit einer Lösung seiner Probleme.

Gibt es wahre moralische Schuld einem persönlichen Gott gegenüber (ist der Mensch also nicht einem unentrinnbaren metaphysischen Schicksal ausgeliefert), dann kann es von Gottes Seite her eine Lösung geben. Und er sagt den Menschen: »Es gibt eine Lösung. Ich bin heilig, und ich bin die Liebe, und in meiner Liebe habe ich die Welt geliebt und habe meinen Sohn gesandt.« In der Geschichte, am Kreuz von Golgatha, in Raum und Zeit, starb Jesus. Und wir dürfen nicht vom Tod Jesu sprechen, ohne klarzumachen, wer er ist: Die ewige zweite Person der Dreieinigkeit. In seinem Tod hat Jesus die Trennung, die der Mensch durch seine Rebellion verursacht hatte, in die Trinität selbst hineingetragen. Und dort wird aufgrund der Sühne, der Versöhnung und der Stellvertretung die wahre moralische Schuld durch den unendlichen Wert des Todes Jesu aufgewogen. Deshalb sagt Jesus: »Es ist vollbracht.«

Im Verlauf der eindrucksvollen ersten drei Kapitel des Römerbriefes, die uns zunächst erklären, warum der Mensch verloren ist, und uns dann die Antwort – den Opfertod Jesu Christi – zeigen, gehen wir manchmal über den 26. Vers des 3. Kapitels zu schnell hinweg. Hier weist Paulus darauf hin, »daß Gott selbst gerecht ist und *dennoch* (so die griechische Konstruktion) den gerecht sprechen kann, der aus dem Glauben an Jesus ist«. Auf der einen Seite braucht Gott wegen des unendlichen Wertes des Todes Christi seinen absolut heiligen Charakter nicht aufzugeben; auf der anderen Seite braucht er auch die Bedeutsamkeit des Menschen nicht zu verletzen, um Schuld vergeben und die zerbrochene Gemeinschaft wiederherstellen zu können. Der moderne Mensch verleugnet bei seinem Sprung ins Dunkel Antithese und wahre Bedeutsamkeit, indem er behauptet, man müsse einfach glauben, daß Gott Liebe sei, auch wenn es dafür keinen vernünftigen Grund gebe. Hier finden wir das genaue Gegenteil: Ein absoluter moralischer Maßstab bleibt erhalten, und dennoch gibt es eine Lösung für das Dilemma des Menschen.

Das Entweder – Oder in »Die Pest« ist hinfällig

Aus der biblischen Antwort lassen sich vier wichtige Tatsachen ableiten:

Erstens ist der Gott, der wirklich da ist, ein guter Gott.

Zweitens besteht die Hoffnung, das Dilemma des Menschen zu lösen.

Drittens gibt es eine ausreichende Grundlage für die Ethik. Niemand ist es jemals gelungen, eine wirkliche Ethik ohne einen absoluten moralischen Maßstab aufzustellen. Ohne absolute moralische Normen bleibt uns entweder der Hedonismus (ich tue, was *ich* gerne möchte) oder irgendeine Form von Gesellschaftsvertrag (gut ist, was der Gesellschaft nützt). Beide Möglichkeiten entsprechen jedoch weder den moralischen Regungen des Menschen, noch dem, was die Menschen eigentlich unter Moral verstehen. Ohne absolute Normen kann Ethik als Ethik nicht weiter existieren, und der humanistische Mensch hat von sich selbst ausgehend keinen absoluten Bezugspunkt finden können. Weil aber der Gott der Bibel da ist, gibt es wirkliche moralische Normen und Werte. Innerhalb dieses biblischen Rahmens ist es möglich, eine Handlung als gut und eine andere als böse zu bezeichnen, ohne Nonsens zu reden.

Viertens gibt es einen hinreichenden Grund, gegen das Böse und Schlechte zu kämpfen. Der Christ steht nie vor dem Dilemma, das Camus in *Die Pest* konstruiert hat. Es ist einfach nicht wahr, daß er sich entweder auf die Seite des Arztes und gegen Gott stellen muß, indem er die Pest bekämpft, oder sich mit dem Priester auf die Seite Gottes zu stellen hat und dadurch unmenschlich wird, indem er die Pest nicht bekämpft.[1] Müßten wir zwischen diesem Entweder – Oder wählen, wäre das Leben wirklich schrecklich. Aber der Christ ist gar nicht zu einer solchen Wahl gezwungen. Gehen wir zum Grab von Lazarus! Dort steht Jesus, und er weint nicht nur, nein, er ist *zornig*. Das geht eindeutig aus Joh 11, 33 und 38 hervor. Als Jesus vor dem Grab des Lazarus steht, ist er erzürnt über den Tod und den anormalen Zustand der Welt, über die durch die Sünde verursachte Zerstörung und Verzweiflung. Mit den Worten von Camus gesagt: Christus haßte die Pest. Der wesentliche Punkt dabei ist sein Anspruch,

Gott zu sein; *er konnte die Pest hassen, ohne sich selbst als Gott zu hassen.*

Ein Christ kann mit ganzem Herzen das Übel in der Welt bekämpfen; er kann das Böse hassen und dabei wissen, daß auch Gott es haßt – und zwar so sehr, daß er Christus dafür sterben ließ!

Wer aber in einer Welt ohne absolute Normen lebt und aus einer Laune des Augenblicks heraus soziale Ungerechtigkeit bekämpfen will, woher nimmt der denn seinen Maßstab für soziale Gerechtigkeit? Welches Kriterium hat er, Recht und Unrecht zu unterscheiden, um zu wissen, was er bekämpfen soll? Könnte es nicht passieren, daß er – ohne es zu wollen – das Böse deckt und das Gute bekämpft? Nicht einmal das Wort »Liebe« kann ihm als Maßstab dienen, denn innerhalb des humanistischen Rahmens hat »Liebe« keinen festgelegten Sinngehalt. Wenn wir aber einmal begreifen, daß der Christus, der in die Welt kam, um durch seinen Tod der »Pest« ein Ende zu setzen, über die Auswirkungen der Pest weinte und zornig war, dann gründet sich unser Kampf gegen das Übel nicht nur auf eine augenblickliche Neigung oder einen ständig wechselnden Konsensus der Menschen.

Aber gerade an dieser Stelle muß sich der Christ herausfordern lassen. Die Tatsache, daß er allein eine hinreichende Basis hat, um das Böse zu bekämpfen, bedeutet ja nicht, daß er nun auch wirklich dagegen kämpfen *wird*. Der Christ ist der eigentliche Revolutionär unserer Generation, denn er widersetzt sich der monolithischen modernen Auffassung, nach der alle Wahrheit relativ ist – wir glauben an die Einheit der Wahrheit. Aber statt radikal vorzugehen und sich gegen die Flut des Relativismus zu stemmen, begnügt er sich allzu oft mit einem starren Festhalten am *Status quo*. Wenn Unrecht wirklich immer Unrecht ist, wenn Gott es bis hin zum Kreuz haßt, wenn es ein in der Person Gottes selbst verankertes moralisches Gesetz gibt: dann sollten die Christen in der vordersten Linie gegen das Unrecht kämpfen, sollten kämpfen gegen die Unmenschlichkeit des Menschen dem Menschen gegenüber.

5. Kapitel

Woher wissen wir, daß es wahr ist?

Jeder Mensch sieht sich auf seiner Ebene einem Problem gegenüber: Wie passen Existenz und Form des äußeren Universums und das »Menschsein« des Menschen zusammen, und welchen Sinn hat das Ganze?

Stellen wir uns ein zerrissenes Buch vor, in dem von jeder Seite nur noch ein schmaler Streifen übrig geblieben ist. Obwohl es unmöglich wäre, den Text zu rekonstruieren und so den Inhalt zu verstehen, würde kaum jemand behaupten, dieses Buchfragment sei durch Zufall zustande gekommen. Wenn wir nun aber den herausgerissenen Rest aller Seiten irgendwo in einer Bodenkammer finden und an den richtigen Stellen einfügen würden, dann könnten wir die Geschichte lesen und verstehen. Als ganzer Mensch wären wir erleichtert, das Geheimnis des zerrissenen Buches gelüftet zu haben, und als ganzer Mensch würden wir die vervollständigte Geschichte lesen; zunächst aber müßte der Verstand uns signalisieren, daß die gefundenen Seitenteile das Problem des zerrissenen Buches richtig lösen können.

Zwei Aspekte dieser Illustration müssen wir beachten: Einmal würden die im Buch verbliebenen Bruchstücke niemals genügen, um den Inhalt zu rekonstruieren. Sie sind dennoch wichtig, denn an ihnen erweist sich, ob die in der Kammer gefundenen Teile zu diesem Buch gehören. Ferner: der Mensch, der die herausgerissenen Stücke entdeckte, gebrauchte seinen Verstand, um zu beweisen, daß sie zu dem zerrissenen Buch gehörten. Dann aber freute er sich mit seiner ganzen Persönlichkeit am Lesen und Verstehen der vollständigen Geschichte, die aus dem Buchfragment und den gefundenen Teilen hervorging. Das würde besonders dann gelten, wenn das vollständige Buch den Weg zur erneuerten Gemeinschaft mit einer vom Leser besonders geschätzten Person wiese.

Dieses Bild läßt sich auf das Christentum anwenden: Die im Buch verbliebenen Seitenfragmente entsprechen dem anormalen Universum und dem anormalen Menschen im augenblicklichen Zustand. Die entdeckten Seitenteile entsprechen der Heiligen Schrift, die Gottes in feste Aussagen gekleidete Mitteilung an die Menschheit darstellt, die nicht nur »religiöse Wahrheit« betrifft, sondern auch verifizierbare Fakten des Universums und der Geschichte berührt. Weder die anormale objektive Welt noch das anormale Menschsein des Menschen können den Sinn der Schöpfungsordnung hinreichend erklären, und doch sind sie beide wichtig, denn daran können wir erkennen, ob die Schrift das ist, was sie zu sein vorgibt: Gottes Mitteilung an den Menschen. Die Frage lautet also, ob die von Gott gegebene Mitteilung die schon vorher gefundenen Teile ergänzt und erklärt, besonders, ob sie erklärt, was zwar vorher schon erkennbar, aber ohne Erklärung war: daß das Universum und das Menschsein des Menschen nicht nur ein Zufallsgebilde aus einem wirren Haufen von Druckbuchstaben ist. Oder, anders ausgedrückt: Entspricht die Antwort der Bibel, oder entspricht die Zufallsmusik von John Cage dem, was wirklich da ist?

Auf rationalistischem Wege, also ausschließlich von sich sebst ausgehend, konnte der Mensch aus den Reststücken des Buches keine richtige Antwort herauslesen. Ohne den Fund der übrigen Seitenteile hätte der Mensch nie eine Erklärung finden können. Wir brauchen aber auch keinen blindgläubigen Sprung zu tun, denn die gefundenen Teile geben ein zusammenhängendes Ganzes, das uns ein vollständiges und einheitliches Erkenntnisfeld vermittelt. Mit der in Aussagen gefaßten Mitteilung des persönlichen Gottes in Händen können wir nicht nur die Ordnung des Universums und der Geschichte erkennen, sondern auch den Zusammenhang von oberem und unterem Bereich, von Gnade und Natur, von ethischen Normen und ethischem Handeln, von allgemeinem Bezugspunkt und den Einzeldingen, sowie von emotionalen und ästhetischen Gegebenheiten des Menschen.

Der einzelne wird aber die Zusammenhänge und die Zusammengehörigkeit niemals erkennen, wenn er nur deshalb die Offenbarung ablehnt, nur weil er sie nicht selbst erdacht hat. Damit gliche er einem Menschen, der die gefundenen Buchteile wegwirft, weil er lieber eine eigene Story zusammenbastelt.

Die Art der Beweisführung

Schon im Zusammenhang unserer Illustration mit Hilfe des Buches ging es um die Beweisfrage, und ich behaupte, daß naturwissenschaftliche, philosophische und religiöse Beweise denselben Anforderungen genügen müssen. Das gilt für jede Frage, auf die wir eine Antwort finden wollen – ob sie nun eine chemische Reaktion oder den Sinn des menschlichen Lebens betrifft. Nach der genauen Abgrenzung der Fragestellung muß der Beweis in jedem Fall zwei Bedingungen erfüllen:

A. Die theoretische Lösung muß stimmig, also ohne inneren Widerspruch sein und muß das untersuchte Phänomen sinnvoll erklären.

B. Theorie und Praxis müssen übereinstimmen. So muß sich etwa eine chemische Formel experimentell nachweisen lassen, muß mit den Vorgängen im praktischen Versuch übereinstimmen. Im Blick auf den Menschen und sein Menschsein muß die theoretische Lösung dem entsprechen, was wir bei einer weitgespannten Beobachtung des Menschen und seiner Verhaltensweise feststellen.

Besonders im Zusammenhang mit der Frage nach dem Menschen lautet der Test: Entspricht die christliche Antwort dem, was wir am Menschen, so wie er ist, beobachten können (einschließlich meiner Selbsterkenntnis als Mensch), und gibt sie dafür eine Erklärung? Der Christ antwortet auf die Frage »Wer ist der Mensch?«: Der Mensch ist nicht tot, sondern seit seiner Erschaffung durch einen persönlichen Urheber ist er seinem Wesen nach Mensch und Person; bei seiner Schöpfung war er normal – heute ist er anomal. (An dieser Stelle sollten wir uns an die Illustration des im zweiten Gebirgstal ansteigenden Wassers erinnern, sowie an das Material in den vorangehenden Kapiteln, die sich mit dem persönlichen Ursprung und der gegenwärtigen Anomalität des Menschen auseinandersetzen.)

Diese Antwort muß nun gegen andere mögliche Antworten abgegrenzt werden. Nach sorgfältiger Aussonderung aller trivialen Lösungen finden wir folgende mögliche Erklärungen, die sich nicht auf einen mystischen, blindgläubigen Sprung gründen:

1. »Das Unpersönliche plus Zeit plus Zufall hat einen persönlichen Menschen hervorgebracht.« Diese Theorie widerspricht aber aller Erfahrung, und so sehen sich ihre Vertreter meistens doch zu einem Sprung gezwungen, den sie durch den Gebrauch von Assoziationswörtern vernebeln.

2. »Der Mensch ist keine Persönlichkeit, er ist tot. In Wirklichkeit ist er eine Maschine, und seine Persönlichkeit ist eine Illusion.« Diese Theorie genügt zwar dem ersten Kriterium – sie enthält keinen inneren Widerspruch; das zweite wird jedoch nicht erfüllt, denn der Mensch kann einfach nicht leben, als wäre

er eine Maschine. Dies läßt sich in der ganzen Menschheitsgeschichte, soweit wir sie zurückverfolgen können, an Beispielen zeigen — wie etwa an den Höhlenzeichnungen oder den Bestattungsriten längst vergangener Kulturen. Wir haben bereits viele Beispiele dafür angeführt, daß ein Mensch (zum Beispiel ein Wissenschaftler, der sich verliebt hat) durch die Annahme dieser Antwort in eine Doppelrolle getrieben wird. Eine Existenz führt er in seinem Laboratorium, eine ganz andere zu Hause mit Frau und Kindern oder wenn er am linken Ufer der Seine sein Mädchen in den Armen hält. Diese Antwort verursacht gerade den schrecklichen Kampf des modernen Menschen, seinen aussichtslosen Versuch, unter Preisgabe der Vernunft mit einem irrationalen Sprung Antworten zu suchen, und den Verzweiflungsschrei der modernen Künstler, die keinen Sinn für die Existenz des Menschen finden können. Wenn auch der Mensch behauptet, er sei lediglich eine Maschine, so beweist sein ganzes Leben das Gegenteil.

3. »Der Mensch wird erst in Zukunft eine vernünftige Antwort auf die Frage nach dem Sinn des Lebens finden.« Diese Antwort ist allerdings in zweierlei Hinsicht problematisch: Einmal könnte eine solche Erklärung als Lösung für alles und jedes angeboten werden und würde allem Denken und aller Wissenschaft ein Ende setzen. Damit wird jegliches Problem doch nur hinausgeschoben, und auch auf dieses eine Problem beschränkt, steht die Antwort auf schwachen Füßen. Zweitens kann niemand mit dieser Antwort leben, denn man kann doch nicht einfach den Atem anhalten und darauf warten, daß irgendwann in der Zukunft einmal eine Lösung gefunden wird! Der einzelne muß doch inzwischen moralische Entscheidungen treffen, die ihn selbst und andere angehen, und dazu muß er eine Arbeitshypothese haben, von der er ausgehen kann. Wer also an dieser Alternative ernsthaft festhalten will, der sollte sich einfrieren lassen und aufhören, Urteile über das Problem des Menschen zu fällen! Dann hätte etwa Bertrand Russell alle soziologischen Entscheidungen unterlassen sollen, die andere Menschen betreffen. Diese Position läßt sich nur halten, wenn die Uhr angehalten werden kann.

4. »Die wissenschaftliche Relativitäts-Theorie könnte in der Zukunft eine befriedigende Antwort auf die Frage nach dem menschlichen Leben bieten.« Die Relativitäts-Theorie läßt sich jedoch nicht in dieser Weise auf das menschliche Leben anwenden. Die wissenschaftliche Theorie wird ständig, sowohl mathe-

matisch als auch durch exakte Messungen, überprüft; sie bedeutet folglich nicht, daß »alles geht«. Zu diesem Ergebnis kommt man aber, wenn man die Relativität auf menschliche Werte bezieht. Zudem wird die Lichtgeschwindigkeit im Vakuum als absolute Norm anerkannt – die wissenschaftliche Relativitäts-Theorie besagt also nicht, daß alle Naturgesetze ständig im Fluß sind, was jedoch bei ihrer Anwendung auf den Menschen der Fall wäre.

Es mag noch andere mögliche Antworten geben, doch ihre Zahl ist sehr gering.

Im Gegensatz zu solchen Antworten und vorausgesetzt, daß der Bogen der untersuchten Phänomene weit genug gespannt ist (das heißt, wenn er die Existenz des Universums und seine Form sowie das »Menschsein« des Menschen in seinem jetzigen Zustand einschließt), bietet das Christentum eine befriedigende Lösung: Es beginnt bei der Existenz des unendlich-persönlichen Gottes, der Schöpfung des Menschen in seinem Bild und einem in Zeit und Raum stattgefundenen Sündenfall. Die daraus resultierende Antwort ist in sich selbst widerspruchslos, erklärt die Phänomene, und man kann damit leben, sowohl im Alltag, als auch in wissenschaftlicher Arbeit.

Der moderne Mensch muß sich die Frage gefallen lassen, ob er die Antwort des Christentums nicht deshalb ablehnt oder einfach übergeht, weil er bereits in blindem Glauben die Denkvoraussetzung der Naturkausalität in einem geschlossenen System übernommen hat.

Wenn auch die Antwort des Christentums nicht aus pragmatischen Gründen angenommen werden sollte, so bleibt doch festzuhalten, daß einzig und allein die biblische Lösung das Problem des Universums und des Menschen beantworten kann.

Noch auf eines sei hingewiesen: Der Christ kann zwar nach seinem Schritt zum Glauben im Lauf der Zeit persönliche Erfahrungen als zusätzliche Argumente hinzugewinnen, aber im Grunde reicht das Argument, mit dem sich Paulus in Römer 1 begnügt: daß die Existenz des objektiven Universums und seiner Form, sowie das »Menschsein« des Menschen die Wahrheit der historisch-christlichen Position beweisen. Er beruft sich an dieser Stelle nicht auf die Erfahrungen der Christen, sondern stellt fest: »Gottes Zorn enthüllt sich vom Himmel her über alle Gottlosigkeit und Ungerechtigkeit der Menschen, die die Wahrheit in Ungerechtigkeit niederhalten. Ist doch, was sich von Gott erkennen läßt, in ihnen (im »Menschsein« des Menschen) offenbar; Gott selbst hat es ihnen kundgetan. Denn sein unsichtbares Wesen, seine ewige Macht und Göttlichkeit sind seit Erschaffung der Welt an seinen Werken (der objektiven Welt und ihrer Form) durch die Vernunft zu erkennen. Sie sind darum nicht zu entschuldigen.«[1]

Wahre Rationalität, aber nicht nur Rationalität

So wichtig Rationalität ist, sollte sie doch niemals ausschließlich herrschen. Rationalität ist ja kein Selbstzweck. Wir können das mit dem Problem von Form und Freiheit in der Kunst vergleichen. Der Künstler muß, um Künstler zu sein, Freiheit haben. Wenn andererseits sein Gemälde keine Form aufweist, verliert er die Kommunikation mit dem Betrachter. Erst die Form ermöglicht dem Künstler Freiheit plus Kommunikation. In der gleichen Weise ist Rationalität nötig, um den Weg zu einer lebendigen Gemeinschaft mit Gott zu ebnen.

An dieser Stelle müssen wir uns mit verbalisierter und nichtverbalisierter Kommunikation befassen. Die Funktion, die für den Künstler die Form hat, haben in der allgemeinen Kommunikation die Wörter. Klar definierte und logisch verwendete Wörter schaffen eine geordnete und sichere Kommunikation. Dasselbe gilt für sorgfältig definierte wissenschaftliche Symbole.

Nun kann man aber die rationale Verbalisation erweitern und bereichern. So hat z. B. ein Gedicht der Prosaform zweifellos etwas voraus. Die Psalmen vermitteln uns mehr, als ein entsprechender nüchterner Prosabericht. Das Portrait eines Malers wirkt stärker als eine Photographie. Wird jedoch (zum Beispiel) die reine poetische Form völlig von einer rational einsichtigen und definierten Verbalisierung getrennt, ist eindeutige Kommunikation an den Leser ausgeschlossen. Dieser kann dann bestenfalls die reine poetische Form als Baustoff verwenden, aus dem er selbst emotional etwas schaffen kann.

Solange ein wirklicher Zusammenhang zwischen der definierten Verbalisation und den »artistischen« Zusätzen besteht, kann es zu allen möglichen Bereicherungen kommen. Fehlt hingegen dieser Zusammenhang, dann kann niemand mehr mit Gewißheit sagen, was die Zusätze bedeuten sollen. Das gilt für die bildende Kunst genauso wie für Dichtung und Rhetorik. Rhetorische Figuren vertiefen nur dann die Kommunikation, wenn sie eingebettet sind in einen definierten sprachlichen Rahmen, der der Vernunft zugänglich ist. Würde jemand ein Buch oder Theaterstück schreiben, das ausschließlich aus rhetorischen Figuren bestände, ohne Bindung an einen definierten, logischen Kontext, dann wäre nicht nur die Kommunikation verloren, sondern die Figuren selbst würden ihr Ziel (die Bereicherung) verfehlen.

Obwohl also die Rationalität nicht von ausschließlicher Bedeutung ist, hat sie doch die wichtige Aufgabe, zu definieren und einen sinnvollen Rahmen zu schaffen. Ein Beispiel aus der Bibel: Als Prüfstein zur Unterscheidung echter und unechter Geister und Propheten nennt Johannes ein inhaltlich definiertes und rational begründetes Kriterium: »Ihr Lieben, glaubet nicht einem jeglichen Geist, sondern prüfet die Geister, ob sie von Gott sind, denn es sind viele falsche Propheten ausgegangen in die Welt. Daran sollt ihr den Geist Gottes erkennen: Ein jeglicher Geist, der da bekennt, daß Jesus Christus ist in das Fleisch gekommen, der ist von Gott. Und ein jeglicher Geist, der da nicht bekennt, daß Jesus Christus ist in das Fleisch gekommen, der ist nicht von Gott, und das ist der Geist des Widerchrist.«[2]

Der Christ ist nicht rationalistisch, er schafft sich also nicht ein eigenes, autonom von sich selbst ausgehendes System. Aber er ist rational: Er denkt und handelt auf der Grundlage, daß »A« nicht »nicht-A« ist. Doch ist auch die Rationalität für ihn nicht das letzte Ziel, denn er antwortet mit seiner ganzen Persönlichkeit auf den Anruf Gottes. Ohne die Kontrolle einer definierten Verbalisation gehen wir allerdings irre, haben keine Möglichkeit mehr, Geister, Propheten und Erfahrungen zu prüfen. All das wird dann zum bloßen »Griechischen Schatten« im oberen Bereich der modernen Theologie, von dem wir schon sprachen.

Wir müssen daher unbedingt das Gleichgewicht wahren zwischen rationalem Denken einerseits und der sich daraus ergebenden Hingabe des ganzen Menschen anderseits. Zum rationalen Denken mag manches hinzukommen müssen, wenn wir das rationale Denken aber aufgeben, so ist alles verloren.

Dieser Zusammenhang läßt sich an dem angeführten Beispiel des zerrissenen Buches verdeutlichen. Mit Hilfe des Verstandes erkenne ich, daß die aufgefundenen Seiten die wahre Ergänzung zum vorhandenen Buchfragment bilden. Dann aber freue ich mich als ganzer Mensch über die gefundene Antwort und über das Lesen der nunmehr zusammengefügten Stücke. Denn dieses vollständige Buch ist der Schlüssel zur Erkenntnis des unendlich-persönlichen Gottes, der wirklich da ist, und es zeigt mir, wie die Gemeinschaft mit ihm wiederhergestellt werden kann. Die Ratio hat den Vorgang ausgelöst, und von da an ist der ganze Mensch beteiligt.

Kürzlich nahm ich an einer Diskussion in Detroit teil, bei der wir über viele intellektuelle und kulturelle Probleme sprachen und christliche Lösungen suchten. Diese Diskussion bewegte sich eher auf intellektueller als auf »frommer« Ebene. Beim Abschied schüttelte mir ein älterer schwarzer Pfarrer die Hand und bedankte sich. Hätte er gesagt: »Ich danke Ihnen, Sie haben mir geholfen, meine Gemeinde besser zu verteidigen«, oder: »Sie haben mir geholfen, ein besserer Evangelist zu sein«, dann hätte ich mich darüber gefreut, ihm geholfen zu haben – und hätte die Begegnung wohl bald wieder vergessen. Aber er sagte etwas anderes: »Ich danke Ihnen dafür, daß Sie mir diese Türen geöffnet haben, jetzt kann ich Gott besser anbeten.« Ich werde ihn nicht vergessen, denn er hatte begriffen, wozu uns unsere Ratio letztlich treiben muß. Wenn wir selbst nicht dahin gelangen und diejenigen, denen wir helfen wollen, nicht dahin bringen können, haben wir irgendwo einen entscheidenden Fehler gemacht.

Wer verwaltet das Erbe der Kirche?

Wir haben inzwischen eine Reihe grundlegender Unterschiede zwischen dem historischen Christentum und der modernen Theologie festgestellt, jener Theologie, die die fünfte Stufe der Linie der Verzweiflung darstellt. Das wirft die Frage auf: Wie können die modernen Theologen trotz dieser radikalen Unterschiede behaupten, in der Kontinuität der Kirche zu stehen?

Ich glaube, ihr Anspruch beruht darauf, daß sie den Begriff »Kontinuität« umgedeutet haben. Nach ihrer Auffassung hat Kontinuität der Kirche nichts mit Glaubensinhalten zu tun.

Das historische Christentum steht aufgrund klar definierter Inhalte in der Kontinuität der Kirche. Das Alte Testament vermittelt einen bestimmten Inhalt, der vom Neuen Testament erweitert wird – das eine ist also vollständiger als das andere, aber der Inhalt ist derselbe. Im Laufe der Kirchengeschichte finden wir die großen Glaubensbekenntnisse – eine Systematisierung eben dieses Inhalts der Bibel. Denselben Inhalt finden wir in den Lehren der Reformatoren und anderer großer Gottesmänner bis auf den heutigen Tag. Wenn also das, was für mich als einzelnen heute den Inhalt des Christentums ausmacht, mit jenem Inhalt übereinstimmt, dann kann ich wissen, daß auch ich in der Kontinuität der Kirche stehe. Wahre Kontinuität gründet sich auf einen erkennbaren Inhalt.

Im Gegensatz dazu hat die moderne Theologie wenig oder gar keinen Raum für Inhalt. Für ihre Vertreter gründet sich die Kontinuität der Kirche auf die existentielle *Erfahrung,* die die Menschen in vergangenen Zeiten gemacht haben. Die Männer des Alten Testaments, die Männer der Urgemeinde, die Männer der Glaubensbekenntnisse und der Reformation – sie alle hatten ihre jeweiligen Erfahrungen. Nicht, daß der Inhalt ihrer Erfahrungen identisch gewesen wäre – vielleicht gibt es ja nicht einmal einen solchen Inhalt. Nein, die Existenz von Erfahrung selbst gewährleistet schon die Kontinuität.

Wir haben bereits auf die Problematik existentieller Erlebnisse hingewiesen: die Unmöglichkeit, ihren Inhalt anderen oder auch nur sich selbst klar zu machen. Wie interpretieren aber nun die modernen Theologen von dieser Voraussetzung her die Bibel? Sie würden sagen: Die Menschen, die die Bibel geschrieben haben, waren in einer Kulturordnung verhaftet, die voll von Irrtümern war, Irrtümern eines primitiven Zeitalters und des endlichen Menschen, der durch seinen kulturellen Bildungsgrad begrenzt ist. Folglich finden sich auch in ihren Schriften notwendigerweise die Irrtümer des jeweiligen Kulturkreises, in dem sie lebten. Sie drückten sich in den fehlerhaften Denkformen ihrer Zeit aus. Wenn sie existentielle Erfahrung hatten, dann kleideten sie diese in Worte, die die Denkfehler ihrer Zeit widerspiegeln.

Der Leser der Bibel muß also berücksichtigen, daß die Aussagen aufgrund ihrer Abfassungszeit unvermeidlich voller Irrtümer sind. *Die Worte des Textes sind bereits eine Auslegung von Erfahrungen, deren Inhalt nicht erkannt werden kann.*

Diese Anschauung vertritt die moderne Theologie. Für sie ist die Kontinuität der Kirche nur so zu verstehen, daß es Erfahrungen gegeben *hat* und noch Erfahrungen *gibt,* wobei durch den Gebrauch religiöser Assoziationswörter eine Kommunikation dieser Erfahrungen vorgetäuscht wird.

VIERTER TEIL

Die Verkündigung der historischen christlichen Botschaft im Klima des zwanzigsten Jahrhunderts

1. Kapitel

Die Suche nach dem Spannungspunkt

Kommunikation mit einem Mit-Menschen

Kommunikation bedeutet, daß ich einen Gedanken mit Hilfe der Lippen (oder – in den meisten Kunstformen – der Finger) formuliere und er so von meinem Gegenüber aufgenommen wird. Eine ausreichende Kommunikation ist gegeben, wenn der Empfänger den Gedanken im wesentlichen so versteht, wie ich, der Sender, ihn selbst gemeint habe. Eine völlige Übereinstimmung dürfte wohl nie erreicht werden, doch sollte der Empfänger im wesentlichen erfassen, was ich mitteilen wollte. Dabei sind die Wörter lediglich das Werkzeug für die Kommunikation unserer Gedanken, denn wir wollen ja letztlich nicht nur eine Folge von sprachlichen Klängen übermitteln. Weil wir nun auf Wörter angewiesen sind, um Ideen mitzuteilen, können verschiedene Sprachprobleme auftauchen – am deutlichsten da, wo die Partner verschiedenen Sprachgruppen angehören. Wollen wir mit einem Ausländer sprechen, so müssen wir erst seine Sprache erlernen.

Eine weitere Sprachbarriere bildet die Zeit. Im Verlauf der Geschichte verändert sich die Sprache, und manche Wörter verlieren ihre ursprüngliche Bedeutung. Der zeitbedingte Wandel der Sprache ist eine natürliche Erscheinung, der aber heute aufgrund der großen Unterschiede über und unter der Linie der Verzweiflung besonderes Gewicht zufällt.

Ferner stellen wir einen sprachlichen Graben fest, wenn wir versuchen, uns mit einer völlig anderen sozialen Gruppe, z. B. mit den Menschen aus Elendsvierteln, zu unterhalten.

In keinem dieser Fälle lösen sich die Verständigungsprobleme von selbst. Wenn wir echte Kommunikation erreichen wollen, müssen wir Zeit und Mühe aufwenden, um uns den Sprachgebrauch unserer Zuhörer so zu eigen zu machen, daß sie unsere Mitteilung verstehen können. Vor dieser Aufgabe steht heute besonders der Christ, der Wörter wie »Gott« oder »Schuld« in einem klar definierten Sinn gebrauchen will und nicht als verschwommene Konnotationswörter, die heute weitgehend einen anderen Inhalt haben. Wir müssen also versuchen, solche Wörter entweder durch gleichbedeutende andere zu ersetzen, die keine falschen Assoziationen auslösen, oder sie jedesmal genau zu definieren, damit der Hörer unsere Mitteilung so richtig wie nur möglich versteht. Wir können also nicht mehr stillschweigend voraussetzen, daß die Wörter, die wir gebrauchen, allgemeingültig definiert sind — im Sinne eines Terminus technicus.

Wenn ein oft gebrauchtes Wort (oder eine Redewendung) sich lediglich als ein evangelikales Klischee entpuppt, dann sollten wir bereit sein, es durch ein anderes zu ersetzen, sobald wir aus unserem eigenen engen Kreis heraustreten und zu außenstehenden Menschen reden. Ist das Wort aber unersetzlich, wie z. B. das Wort »Gott«, dann sollten wir es genau und gründlich definieren. Verwenden wir ungenügend erklärte »christliche Fachbegriffe«, laufen wir Gefahr, daß die Außenstehenden die christliche Botschaft überhaupt nicht wirklich hören und daß wir in unseren Kirchen und Gemeinschaften eine introvertierte und isolierte Sprachgruppe werden.

Wenn wir uns im folgenden mit der Frage beschäftigen wollen, wie wir zu den Menschen des zwanzigsten Jahrhunderts sprechen können, so müssen wir zunächst eindrücklich darauf hinweisen, daß es hierfür kein Patentrezept gibt. Das sollte uns Christen auch einleuchten, glauben wir doch, daß es Persönlichkeit gibt, die eine ausschlaggebende Rolle für den Menschen spielt. Wir können zwar einige allgemeine Grundsätze aufstellen, müssen uns aber vor einer mechanischen Anwendung hüten. Wenn wir wirklich von Gott geschaffene Persönlichkeiten sind, dann gleicht kein Mensch dem anderen. Dann muß jeder als Individuum behandelt werden, nicht als »Fall«, als statistische Nummer oder als Maschine. Wenn wir moderne Menschen erreichen wollen, dürfen wir die Vorschläge dieses Buches auf keinen Fall mechanisch anwenden. Wir müssen den Herrn im Gebet um Hilfe bitten und mit dem Wirken des Heiligen Geistes rechnen, damit wir wirklich zum Gegenüber vorstoßen können.

Ferner müssen wir stets bedenken, daß unser Gesprächspartner — wie weit er auch immer vom christlichen Glauben entfernt sein mag — das Bild Gottes in sich trägt. Er hat einen unschätzbaren Wert, und deshalb müssen wir ihm mit aufrichtiger Liebe begegnen. Liebe ist nichts Billiges, keine Gefühlsduselei, sondern das Bemühen, auf den anderen zuzugehen, sich in seine Lage zu versetzen, um die Probleme von seiner Warte aus zu sehen. Liebe bedeutet echte Anteilnahme am Schicksal des einzelnen. Nach den Worten Jesu Christi sollen wir ihn lieben »wie uns selbst«. Dies ist der Ausgangspunkt. Persönliches »Zeugnis« als Pflichtübung oder aufgrund eines gewissen Drucks, den unser christlicher Kreis auf uns ausübt, muß am Ziel vorbeischießen. Auslösendes Moment für unser Zeugnis muß die Tatsache sein, daß wir in unserem Gegenüber das Ebenbild Gottes vor uns haben, ein Individuum, das auf der ganzen Welt einmalig dasteht. Unter dieser Voraussetzung ist Kommunikation keine billige Sache. Es kostet etwas, die aufrichtigen, doch völlig verwirrten Menschen des zwanzigsten Jahrhunderts zu verstehen und mit ihnen zu sprechen. Es ist mühevoll und setzt uns Versuchungen und Spannungen aus. Letztlich bedeutet aufrichtige Liebe die Bereitschaft, uns dem Gesprächspartner vorbehaltlos auszuliefern.

Der Partner ist von unserer Art. Die Bibel lehrt uns, daß die Menschheit in zwei Teile zerfällt, die aber doch die eine Menschheit bilden – zwei Teile in dem Sinne, daß die einen noch gegen Gott rebellieren und die anderen durch Jesus Christus zu Gott zurückgekehrt sind. Darüber dürfen wir aber nicht vergessen, daß »Gott alle Völker von einem Blut gemacht hat, um den ganzen Erdkreis zu bewohnen«.[1] Damit ist nicht nur gemeint, daß die gesamte menschliche Rasse eine biologische Einheit bildet, also untereinander voll fruchtbar ist, sondern daß wir alle von einem gemeinsamen Stammvater, Adam, abstammen. Unser Gesprächspartner ist uns also emotional wie intellektuell verwandt. Er ist uns ebenbürtig; wohl ist er verloren, aber das waren wir auch einmal. Wir sind ein Fleisch, ein Blut, eine Art.

Schließlich dürfen wir bei unserer Beschäftigung mit Fragen der Kommunikation niemals vergessen, daß wir den anderen als Ganzheit ansprechen müssen. Ich kümmere mich also nicht nur um jenen Teil von ihm, den man »Seele« nennt, um diese in den Himmel zu bringen. Nein, ich weiß, daß die Bibel die Einheit der Persönlichkeit lehrt, und so muß ich durch meine Haltung und meine Worte beweisen, daß ich mich als ganzer Mensch dem ganzen Menschen zuwende.

Logische Folgerungen

Nach diesen Vorbemerkungen können wir uns nun mit einigen Grundsätzen für unsere Kommunikation mit Menschen des zwanzigsten Jahrhunderts beschäftigen.

Zunächst einmal müssen wir bedenken, daß jeder, mit dem wir sprechen – sei es eine Verkäuferin oder ein Student –, bestimmte Denkvoraussetzungen mitbringt, ganz gleich, ob er sie durchdacht hat oder nicht. Im nachfolgenden Diagramm bezeichnet der Punkt die Denkvoraussetzungen eines Nichtchristen; der Pfeil deutet die logischen Folgerungen an, die sich aus diesen Denkvoraussetzungen ergeben müßten.

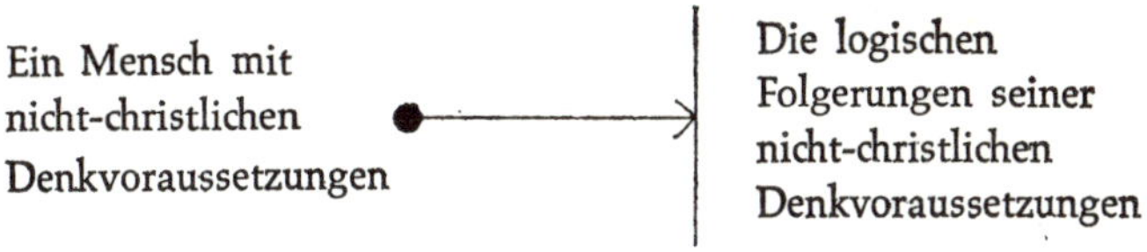

Würde jemand seine Denkvoraussetzungen logisch völlig zu Ende denken, gelangte er zur vertikalen Linie auf der rechten Seite. Nur wer in Denken und Leben an dieser Stelle steht, ist seinen eigenen Voraussetzungen treu.

Nun kann aber in Wirklichkeit kein Nichtchrist seine Denkvoraussetzungen konsequent ausleben. Dafür gibt es einen einfachen Grund: Ein Mensch muß in der Wirklichkeit leben, und diese Wirklichkeit besteht aus zwei Teilen: der objektiven Welt mit ihrer Form und dem »Menschsein« des Menschen, einschließlich seines eigenen »Menschseins«. Der Glaube eines Menschen ändert nichts an dieser Wirklichkeit. Da nun das Christentum die Wahrheit verkündet über das, was wirklich da ist, bedeutet seine Ablehnung aufgrund eines anderen philosophischen Systems eine Entfernung von der wirklichen Welt.

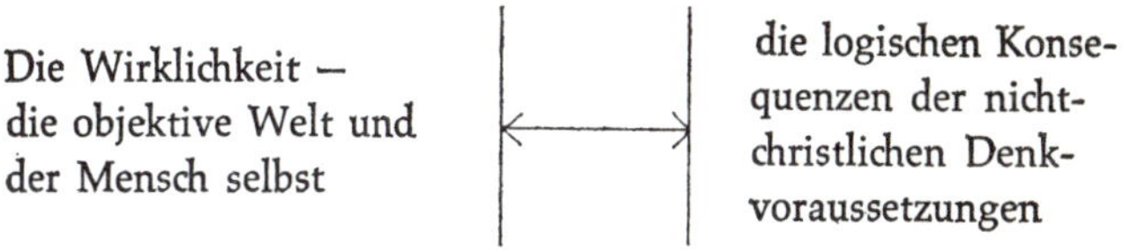

Infolgedessen befindet sich jeder Mensch, welches System er auch vertreten mag, in einer Zwickmühle: Versucht er seine Prämissen mit intellektueller Redlichkeit zu Ende zu denken und auszuleben, gerät er unweigerlich in diese Zwickmühle. Ohne die Psychologie oder Philosophie Karl-Gustav Jungs als Ganzes zu akzeptieren, kann man doch sagen, daß er diesen Zusammenhang richtig erkannt hat, wenn er feststellt, zwei Dinge durchkreuzten den Willen jedes Menschen – die Außenwelt mit ihrer Struktur und die eigene Innenwelt. Nicht-christliche Denkvoraussetzungen widersprechen einfach dem, was Gott geschaffen hat, einschließlich des menschlichen Wesens.

Deshalb befindet sich jeder Mensch in einem Spannungsfeld. Er kann sich nicht seine eigene Welt schaffen und dann darin leben. So konnte auch Picasso nicht Gott spielen, auf der Leinwand seine eigene Welt schaffen, und zugleich die Kommunikation mit den Betrachtern seiner Bilder aufrecht erhalten. Das Problem liegt aber noch viel tiefer. Hätte er nämlich seine Denkvoraussetzungen logisch bis zur letzten Konsequenz verfolgt, dann wäre ihm schlußendlich nicht einmal mehr die Kommunikation mit sich selbst geblieben. Er wäre nicht nur von der Umwelt getrennt gewesen, sondern auch von seinem eigenen Ich.

Die Bibel geht noch einen Schritt weiter und lehrt, daß der Mensch nicht einmal in der Hölle nach seinen nicht-christlichen Denkvoraussetzungen leben kann. »Selbst wenn ich mein Bett in der Hölle mache, siehe du, Gott, bist doch da.«[2] Der Mensch ist in der Hölle von der Gemeinschaft mit Gott ausgeschlossen, aber niemand kann die Hölle so umformen, daß er dort in begrenztem Maße sein eigenes Universum schaffen könnte. Der Mensch ist auch dort noch im Universum Gottes und kann folglich selbst in der Hölle seine nicht-christlichen Denkvoraussetzungen nicht konsequent ausleben.

Dasselbe gilt für das gegenwärtige Leben. Keiner – weder eine Gruppe noch ein einzelner – kann sein nicht-christliches System theoretisch oder praktisch zum logischen Schluß führen. Begegnen wir also einem Menschen des zwanzigsten Jahrhunderts – gleich welchen Bildungsniveaus oder welcher sozialen Stellung –, begegnen wir in ihm einem Menschen in einem Spannungsfeld, und diese Spannung wirkt sich bei unserem Gespräch mit ihm zu unserem Nutzen aus. Wüßte ich dies nicht aus dem Worte Gottes und aus persönlicher Erfahrung, so hätte ich nicht den Mut, mich in die Kreise zu wagen, mit denen ich häufig Umgang habe. Der Mensch kann diese Spannung aus dem Bewußtsein verdrängen, und vielleicht müssen wir sie erst wieder aufdecken, aber irgendwo ist ein Punkt der Inkonsequenz. Er nimmt eine Haltung ein, die er nicht logisch zu Ende verfolgen kann; und das ist nicht nur eine intellektuelle Spannung, sondern sie liegt in seinem Wesen als Mensch.

Der Mensch zwischen zwei Polen

Christliche Apologetik setzt nicht irgendwo jenseits der Sterne ein, sondern beim Menschen und seinem Wissen um sich selbst.

Der gefallene Mensch befindet sich im Widerspruch zu allem, was da ist, einschließlich dessen, was er selbst ist. Gott kann ihm im Gericht seine falsche Stellung schon allein dadurch beweisen, daß er ihn daran erinnert, was er von der objektiven Welt und von seinem eigenen »Menschsein« gewußt hat. Ähnlich verhält es sich mit der Verurteilung seiner moralischen Schuld: Jeder Mensch stellt bestimmte moralische Normen auf, nach denen er andere verurteilt, und Paulus zeigt, daß er anschließend seine eigenen Normen bricht und sich damit selbst verurteilt.[3] Der Mensch, der vor uns steht, befindet sich also nicht in einem luftleeren Raum. Er weiß etwas von der objektiven Welt und von sich selbst.

Jeder Mensch befindet sich an irgendeinem Punkt der Linie zwischen der wirklichen Welt und den logischen Schlußfolgerungen seiner nicht-christlichen Denkvoraussetzungen. Jeder spürt die Anziehungskraft dieser beiden Pole, spürt den Zug zur realen Welt auf der einen und zu den logischen Schlußfolgerungen seines Denksystems auf der anderen Seite. Er kann zwischen den beiden Polen hin- und herpendeln, aber er kann nicht an beiden Punkten zugleich sein. Je nach Stärke des Einflusses neigt er mehr dem einen oder dem anderen Extrem zu. Zwischen beiden Konsequenzen wählen zu müssen, das ist die Hölle auf Erden. *Denn je konsequenter ein Mensch seinen nicht-christlichen Denkvoraussetzungen folgt, desto mehr entfernt er sich von der Wirklichkeit; je näher er der Wirklichkeit kommt, desto weniger ist er seinen eigenen Denkvoraussetzungen treu.*

Die Spannung ist nicht konstant

Wir haben gezeigt, daß jeder Mensch, ungeachtet seiner Intelligenzstufe, an irgendeinem Punkt der Linie zur konsequenten Folgerung seiner eigenen Position hin haltgemacht hat. Manche sind bereit, sich weiter als andere von der Wirklichkeit zu entfernen, um ihren Denkvoraussetzungen treu zu sein. Das zeigt sich an den französischen Existentialisten Camus und Sartre:

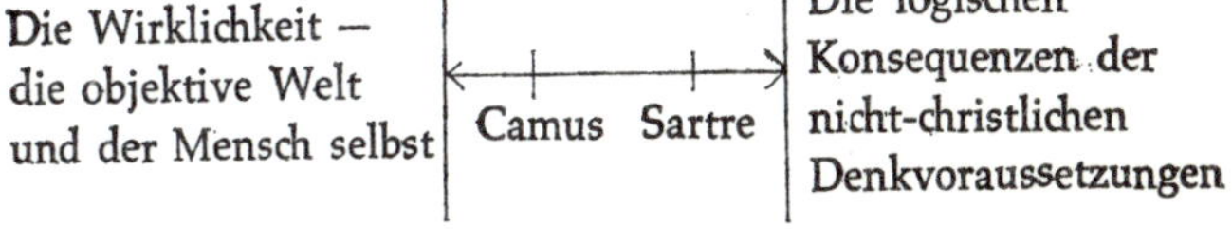

Sartre warf Camus vor, er hätte die ihnen gemeinsamen Denkvoraussetzungen nicht konsequent genug befolgt. Die Begründung: Camus gab niemals die Hoffnung auf ein zufälliges persönliches Glück auf, obwohl sie der Logik seiner Position völlig widersprach. Ferner — so wurde bei der Verleihung des Nobelpreises an Camus gesagt — gab er niemals die Suche nach ethischen Werten auf, obwohl die Welt für ihn absurd war. Aus diesen Gründen war Camus auch in der intellektuellen Welt der beliebtere der beiden. Er hat zwar nie die wirkliche Welt ganz bewältigt, wie sein Buch *Die Pest* zeigt, doch war er ihr näher als Sartre.

Sartre warf Camus zu Recht Inkonsequenz den gemeinsamen Denkvoraussetzungen gegenüber vor; doch war er, wie wir bereits sahen, selbst inkonsequent, als er das Algerische Manifest unterschrieb und damit Stellung bezog, als gäbe es echte moralische Werte. Somit lebt auch Sartre in der Spannung.

Jeder dürfte sich im Lauf seines Lebens den Umständen entsprechend auf dieser Linie hin- und herbewegen, aber irgendwann einmal bleiben die meisten Menschen an einem Punkt stehen. Jeder Nichtchrist, ob Gammler oder Spießbürger, befindet sich irgendwo auf dieser Linie.

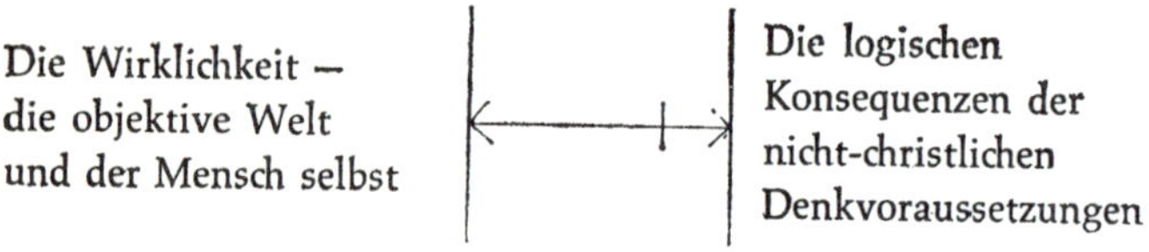

Dies ist keine abstrakte Theorie, denn jeder dieser Menschen ist im Bilde Gottes geschaffen und lebt in einer Spannung, weil er in sich selbst Regungen verspürt, die von der wirklichen Welt zeugen. Menschen unterschiedlicher Kulturkreise haben unterschiedliche moralische Maßstäbe, aber es gibt keinen Menschen, der nicht irgendwelche Vorstellungen von Moral hätte. So mag uns der Lebenswandel eines modernen Mädchens völlig amoralisch erscheinen, lernen wir sie aber einmal etwas näher kennen, werden wir feststellen, daß sie an irgendeinem Punkt so etwas wie ein Ethos hat. Liebe mag sich in verschiedenen Formen ausdrücken, alle Menschen aber haben irgendeine Vorstellung von Liebe. Jeder einzelne wird die Spannung an einer anderen Stelle spüren — der eine in der Frage nach der Schönheit, der andere in der nach Freiheit und verantwortlichem Handeln, der dritte in der nach Rationalität, wieder ein anderer in der existentiellen Angst.

Der heutige Mensch möchte dieser Spannung entrinnen, indem er behauptet, nichts weiter als eine Maschine zu sein. Wenn das so wäre, hätte er keine Schwierigkeit, Schritt für Schritt der Linie zu folgen, bis zur letzten Konsequenz seiner nichtchristlichen Denkvoraussetzungen. Aber der Mensch ist keine Maschine, auch wenn er es zu sein behauptet.

Nehmen wir an, ein Satellit würde in eine Erdumlaufbahn geschossen und könnte mit einer Kamera alles photographieren, was sich auf der Erdoberfläche abspielt. Würde ein riesiger Computer mit all diesen Daten gefüttert, könnte er das Ergebnis ausspucken, alles Geschehen auf der Erde verlaufe mechanisch. Aber der letztlich zuständige Beobachter ist nicht ein Computer, sondern der einzelne Mensch. Stets ist eine Person da, die mich daran hindert, alles als Maschinerie zu sehen – ich selbst, der Beobachter, der sich selbst kennt.

An dieser Stelle müssen Christen besonders vorsichtig sein. Die Bibel sagt zwar, die Menschen seien verloren, aber damit sagt sie nicht, sie wären Nichts. Wer behauptet, er sei eine Maschine oder ein Nichts, der stuft sich niedriger ein als die Bibel den gefallenen Menschen bewertet.

In unserer Apologetik für den modernen Menschen, sei er nun Fabrikarbeiter oder Wissenschaftler, müssen wir deshalb zunächst einmal seinen Spannungspunkt suchen. Das wird nicht immer einfach sein. Viele Menschen haben selbst noch nicht ihren eigenen Spannungspunkt erkannt. Seit dem Sündenfall ist der Mensch sich selbst entfremdet. Er ist völlig verwirrt und versucht, sich vor sich selbst zu verstecken. Deshalb müssen wir Zeit und Mühe aufwenden, um das zu entdecken, was unser Gesprächspartner oft selbst noch nicht entdeckt hat. Tief in seinem Inneren kann sich der Mensch leicht selbst belügen. Wir müssen nun, in aller Liebe und im Vertrauen auf das Wirken des Heiligen Geistes, in diesen Menschen eindringen und versuchen, seinen besonderen Spannungspunkt zu finden.

2. Kapitel

Vom Spannungspunkt zum Evangelium

Warum ein Dialog möglich ist[1]

Wenn unser Partner seinen nichtchristlichen Denkvoraussetzungen treu wäre, hätten wir keine gemeinsame Gesprächsgrundlage. Wäre er wirklich konsequent, wäre Kommunikation ausgeschlossen. Nun kann aber niemand seinen nichtchristlichen Denkvoraussetzungen wirklich konsequent folgen, und weil die Menschen der Wirklichkeit und sich selbst nicht ausweichen können, wird sich in der Praxis immer ein Ansatzpunkt für ein Gespräch finden. Unser Gesprächspartner hängt ja in der Luft, hin- und hergerissen zwischen der realen Welt und den logischen Folgerungen seiner Denkvoraussetzungen. Er lebt deshalb in der Spannung – näher bei der Wirklichkeit als er nach der logischen Folgerung seiner Denkvoraussetzungen sein müßte –, weil er in einem gewissen Maß unlogisch ist. Je näher er der Wirklichkeit steht, desto weniger ist er der Logik seiner eigenen Denkvoraussetzungen treu. Ein Beispiel: John Cage handelt unlogisch, wenn er in einem Universum, das, seiner Anschauung nach, wesensmäßig vom Zufall geprägt ist, beim Pilzsammeln nicht zufällig, sondern methodisch vorgeht; und so könnten wir ihm die Unzulänglichkeit seines Systems vor Augen führen, das er zwar in seiner Zufallsmusik verfolgen kann, das aber in bezug auf die reale Welt – die Pilze – versagt.

In der *Praxis* haben wir also einen Anknüpfungspunkt für einen Dialog. Er ist vorhanden, weil der Mensch ungeachtet seines Systems in der Welt Gottes leben muß. Lebte er seinen nichtchristlichen Voraussetzungen entsprechend, wäre er von der wirklichen Welt und vom wirklichen Menschen getrennt, und wir hätten keine Möglichkeit zum Dialog oder zur Kommunikation.

Eine voraussetzungsbewußte Apologetik soll also nicht dazu dienen, den Schlußpunkt unter unseren Dialog mit den Menschen unserer Umgebung zu setzen. Im Gegenteil: Wer versucht, unterhalb der Linie der Verzweiflung ohne ein klares und definiertes Konzept einer voraussetzungsbewußten Apologetik zu arbeiten, der verspielt die Möglichkeit, den Menschen des zwanzigsten Jahrhunderts zu helfen. Jedes Gespräch ist heute sinnlos, solange wir nicht die Denkvoraussetzungen analysiert haben – besonders die entscheidend wichtigen Denkvoraussetzungen, die das Wesen der Wahrheit und die Methode der Wahrheitsfindung betreffen.

Angreifen und angreifen lassen

Wenn wir so genau wie möglich den Spannungspunkt unseres Gesprächspartners festgestellt haben, besteht der nächste Schritt darin, ihm die logischen Konsequenzen seiner eigenen Denkvoraussetzungen vor Augen zu führen.

Die Wirklichkeit – die objektive Welt und der Mensch selbst

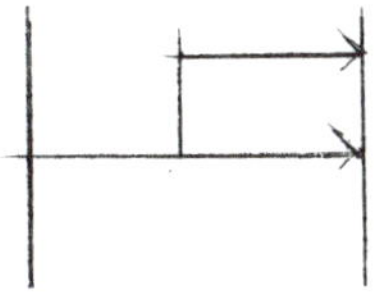

Die logischen Konsequenzen der nicht-christlichen Denkvoraussetzungen

Wir sollten also zunächst nicht versuchen, ihn von den Folgerungen seiner Position abzubringen, sondern wir sollten ihn im Gegenteil zu ihnen hinführen, wie der Pfeil andeutet. Damit treiben wir ihn in die Richtung, die er aufgrund seiner Denkvoraussetzungen einschlagen sollte, zu dem Standort hin, den er einnehmen müßte, wäre er nicht auf halbem Wege stehengeblieben.

Bei all dem muß ich stets bedenken, daß dies kein nettes, unverbindliches Spielchen ist. Betrachte ich es lediglich als eine Art intellektuellen Ringkampf, dann bin ich grausam und kann keine echten geistlichen Ergebnisse erwarten. Wenn ich den Menschen aus seiner falschen Sicherheit reiße, muß er dabei spüren, daß ich es aus Liebe zu ihm tue, sonst werde ich ihn nur zerstören, und diese Grausamkeit und Gemeinheit wird auch mich zerstören. Trete ich ihm innerlich unbeteiligt und kalt gegenüber, zeige ich damit, daß ich ihn nicht als einen im Bilde Gottes geschaffenen Menschen betrachte, als Menschen meiner eigenen Art. Wenn ich jemanden zur letzten Konsequenz seiner Denkvoraussetzungen führe, füge ich ihm Schmerzen zu – deshalb darf ich ihn nicht weiter treiben als unbedingt nötig.

Sobald wir feststellen, daß unser Gegenüber bereit ist, Christus als Erlöser anzunehmen, sollten wir Denkvoraussetzungen Denkvoraussetzungen sein lassen und ihm statt dessen das Evangelium verkünden. Wir verfolgen doch mit solchen Gesprächen mit Menschen des zwanzigsten Jahrhunderts nicht den Zweck, ihnen zu beweisen, daß wir recht haben, daß wir ihnen überlegen sind! Wir wollen sie doch nicht unbedingt unterkriegen, sondern ihnen zeigen, was ihnen fehlt, damit sie bereit sind, das Evangelium anzuhören! Sobald der Gesprächspartner für das Evangelium offen ist, sollten wir ihn nicht weiter in die Enge treiben, denn es ist schrecklich, zur logischen Folgerung der Sinnlosigkeit getrieben zu werden und damit in Widerspruch zur objektiven Welt und zu sich selbst zu geraten.

Bevor wir unserem Gesprächspartner Gottes Antwort auf sein Dilemma mitteilen können, müssen wir ihm begreiflich machen, daß wir über wirkliche *Wahrheit* sprechen und nicht über ein vages religiöses Etwas, das anscheinend irgendeine psychologische Wirkung hat. Ferner muß er begreifen, daß wir über *wirkliche Schuld* Gott gegenüber sprechen und ihm nicht nur die Befreiung von Schuld*gefühlen* anbieten. Schließlich muß er unbedingt einsehen, daß wir von wirklicher *Geschichte* sprechen — daß der Tod Jesu nicht nur idealistisch oder symbolisch gemeint ist, sondern in Raum und Zeit stattgefunden hat. Versteht unser Gegenüber nicht, was wir mit »Geschehen in Raum und Zeit« meinen, können wir einfach fragen: »Glauben Sie in dem Sinne an den Tod Jesu, daß Sie, wären Sie an jenem Tag dabei gewesen, das Kreuz berühren und sich dabei einen Splitter in den Finger hätten stoßen können?« Erst nach Klärung dieser drei Grundprinzipien kann ich einen Menschen zu Christus führen!

Wir müssen den Menschen auf seinem eigenen Interessengebiet zu den logischen Folgerungen seines Standpunktes führen. Interessiert er sich für die Wissenschaft, führen wir ihn zur logischen Konsequenz seiner wissenschaftlichen Position. Gilt seine Liebe der Kunst, führen wir ihn behutsam, aber kompromißlos von seinem Spannungspunkt in diesem Bereich zur logischen Konsequenz seiner Denkvoraussetzungen. Dabei müssen wir ihm an jedem Punkt der Unterhaltung das Recht einräumen, alle möglichen Fragen zu stellen. Wir können nicht einerseits unsere Überzeugung von der Einheit der Wahrheit bekunden und uns anderseits plötzlich einer Diskussion entziehen und ihm eine blinde Autoritätsgläubigkeit zumuten. Er hat das Recht, Fragen zu stellen. Es stimmt zwar, daß viele Christen anders vorgehen und doch Menschen zu Christus führen. Für jede Bekehrung sollen wir dankbar sein. Aber der Rückzug auf die Formel »Frage nicht — glaube nur« kann — selbst wenn der Gesprächspartner Christ wird – später zu einer geistlichen Schwäche führen, weil entscheidende Fragen unbeantwortet geblieben sind. Bei allem Bemühen, unser Anliegen überzeugend vorzutragen, müssen wir jedoch auch bereit sein, uns den Angriffen des anderen auszusetzen. Je stärker er vom zwanzigsten Jahrhundert geprägt ist, desto wichtiger ist es, uns seinen unbequemen Fragen um Christi und um der Wahrheit willen zu stellen, wenn uns wirklich daran gelegen ist, daß er Christ wird. Anderseits dürfen wir nicht in der Defensive verharren, sondern auch ihn mit Fragen bedrängen. Je mehr wir die moderne Welt, in der wir leben, und – ganz besonders – die Bibel studieren, desto besser werden wir in der Lage sein, Rede und Antwort zu stehen. Bevor wir mit anderen sprechen, müssen wir uns erst einmal selbst über die Frage klar geworden sein: »Verkündet das Christentum die Wahrheit?« Wir müssen in der Bibel zu Hause sein und wissen, welchen Inhalt das biblische System hat. Täglich sollten wir die Heilige Schrift studieren, denn nur so können wir sicher sein, daß wir wirklich den christlichen Standpunkt vertreten, und zwar in der bestmöglichen Weise.

Die Entfernung des Schutzdachs

Betrachten wir unsere Aufgabe einmal aus einem anderen Blickwinkel! Jeder Mensch hat ein Schutzdach über seinem Kopf errichtet, das ihm an seinem Spannungspunkt Sicherheit verleihen soll:

Weil der Mensch am Spannungspunkt seinem eigenen System untreu ist, hat er dieses Dach errichtet, um sich gegen den Ansturm der realen Welt – der objektiven Welt und dem Wissen um sich selbst – zu schützen. Dieses Schutzdach gleicht den Schutzgalerien, die auf Gebirgspässen Fahrzeuge vor herunterstürzenden Lawinen schützen. Die Lawine ist im Falle des Nichtchristen die reale, wenn auch anomale, gefallene Welt, die ihn umgibt. Der Christ muß nun – in Liebe und aufrichtigem Mit-Leid – dieses Schutzdach entfernen und zulassen, daß die Wahrheit der objektiven Welt und seines eigenen Menschseins ungehindert über ihn hereinbricht. Ohne dieses Dach ist jeder Mensch schutzlos und verwundbar der Wahrheit dessen, was wirklich da ist, ausgeliefert.

Die Wahrheit, die ihn zunächst trifft, ist nicht ein Dogma über die Wahrheit der Heiligen Schrift, sondern die Wahrheit der objektiven Welt und die Wahrheit seines »Menschseins«. So erkennt er seine Not. Erst dann kann ich ihm anhand der Heiligen Schrift die Ursache seiner Verlorenheit und den Ausweg daraus zeigen. Ich bin davon überzeugt, daß wir in der zweiten Hälfte des zwanzigsten Jahrhunderts bei unserer Verkündigung an die Menschen unterhalb der Linie der Verzweiflung diese Reihenfolge einhalten müssen!

Die Wirklichkeit –
die objektive Welt
und der Mensch selbst

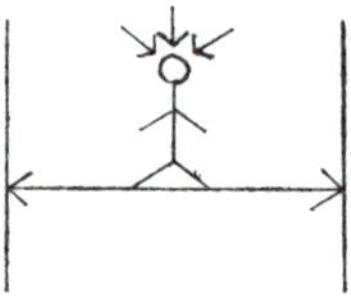

Die logischen
Konsequenzen der
nicht-christlichen
Denkvoraussetzungen

Es ist schrecklich, von einer Lawine überrollt zu werden, und doch müssen wir dem anderen diese Erfahrung zumuten, damit er erkennt, daß sein System keine Antwort auf die entscheidenden Fragen des Lebens bietet. Er muß wissen, daß sein Dach dem Ansturm der Wirklichkeit nicht standhält – erst dann können wir mit ihm über den Sturm des Gerichtes Gottes reden.

Das Entfernen des Schutzdaches ist kein willkürliches intellektuelles Spiel, sondern es wurzelt in der Bibel selbst. Die Menschen des zwanzigsten Jahrhunderts halten den Gedanken an Gericht und Hölle für Nonsens; wer von ihm ausgeht, der redet nach ihrer Auffassung dummes Zeug und predigt folglich tauben Ohren. Die Hölle oder ähnliches erscheint dem modernen Menschen deshalb undenkbar, weil er einer Gehirnwäsche unterzogen worden ist und sich folglich den monolithischen Glauben an den Naturalismus zu eigen gemacht hat, der um ihn herum herrscht. Hier im Westen betreibt nicht der Staat, sondern die Kultur die Gehirnwäsche. Selbst die modernen Radikalen sind nur in einem sehr engen Rahmen radikal.

Ehe die Menschen die Linie der Verzweiflung überschritten, wußten die meisten, daß sie schuldig waren, doch kaum einer kam auf den Gedanken, er sei auch tot. Der moderne Mensch hingegen erkennt sich selten als schuldig, dafür aber gibt er vielfach zu, daß er tot ist. Beides stimmt nach Aussage der Bibel.

Der Mensch, der sich gegen den heiligen Gott, der wirklich da ist, auflehnt, ist schuldig und steht schon jetzt unter dem Zorn Gottes. Aufgrund seiner Schuld ist er von seinem einzig wahren Bezugspunkt getrennt und deshalb tot. Die Bibel sagt nicht, der Mensch werde verloren gehen, sondern er sei verloren. Nach der Bibel bricht die Kluft nicht erst im Augenblick des Todes auf, sondern im Augenblick der Bekehrung, wenn der Mensch vom Tod zum Leben hindurchdringt. Dies ist der Punkt der persönlichen Antithese, und vor diesem Wendepunkt ist der Mensch wirklich tot.

Wir sprechen den modernen Menschen also da an, wo er gerade steht, da, wo er uns verstehen kann. Manche empfinden den Horror der Sinnlosigkeit. Manche spüren die Spannung zwischen der wirklichen Welt und den logischen Konsequenzen ihrer Denkvoraussetzungen. Manche sind entsetzt darüber, mitten im Leben tot zu sein. Das Wort Gottes lehrt eindeutig, daß die Verlorenheit des Menschen einen gegenwärtigen und einen zukünftigen Aspekt aufweist. Wenn ich Christus als Heiland annehme, so dringe ich vom Tod zum Leben hindurch — demnach war ich also vorher eindeutig tot. Wenn also der moderne Mensch das Gefühl hat, tot zu sein, bestätigt er damit nur das Wort Gottes. Er ist nicht in der Lage, dieses Gefühl zu definieren, denn er weiß nicht, in welcher Hinsicht er tot ist, und noch viel weniger kennt er einen Ausweg; aber eines weiß er: daß er tot ist. Und hier beginnt unsere Aufgabe. Wir müssen ihm zeigen, daß der ihm bewußte gegenwärtige Tod ein moralischer Tod ist und nicht nur ein »metaphysisches Verlorensein«. Dann können und müssen wir ihm Gottes Antwort zeigen. Unser Ausgangspunkt aber ist die Verlorenheit, mit der er ringt. Damit fügen wir dem Evangelium nichts hinzu, sondern wenden lediglich die Wahrheit von Gottes Wort praktisch an, wonach der rebellierende Mensch ohne Lebenssinn, also tot ist.

Das wollen wir mit dem Entfernen des Schutzdaches erreichen. Aber glauben wir nur ja nicht, das sei leicht! Es kann nämlich geschehen, daß der moderne Mensch, dem wir seine Spannung bewußt gemacht haben, dann nicht bereit ist, die wahre Lösung zu akzeptieren. Und das ist schlimm, denn dann verlassen wir ihn in einen unglücklicheren Zustand als je zuvor. Aber vor diesem Problem hat die Evangelisationsarbeit schon immer gestanden. Wenn ein Evangelist über die Wirklichkeit der Hölle sprach, waren die Menschen, die seiner Botschaft nicht glaubten, nach seiner Verkündigung ebenfalls schlimmer dran, als wenn sie ihn nie gehört hätten. So geht es auch uns. Wir konfrontieren die Menschen mit der Wirklichkeit, nehmen ihre Schutzdächer weg und verbauen ihre Fluchtwege. Wir setzen sie den Lawinen aus, und wenn sie sich dann nicht in Christus bergen, sind sie tatsächlich unglücklicher als vor unserem Gespräch.

3. Kapitel

Die Anwendung des Evangeliums

Wie können wir es wagen?

Wie können wir es wagen, die Menschen so aus ihrem scheinbaren Frieden zu reißen? Nur aus einem Grund – weil die christliche Botschaft wahr ist. Wenn wir nicht in dem Bewußtsein handeln, daß unsere Botschaft die absolute Wahrheit ist, dann ist diese Art der Evangelisation maßlos grausam. Wenn sie aber die Wahrheit ist – wenn es wahr ist, daß der Mensch, der uns gegenübersteht, von Gott getrennt und für alle Ewigkeit verloren ist –, dann müssen wir den Mut haben, so deutlich zu sprechen, trotz solcher Fälle, in denen Menschen Christus nicht annehmen und sich nachher in einem schlimmeren Zustand befinden als zuvor. Wenn es eine Antithese, wenn es wahre Wahrheit gibt, dann gibt es auch Unwahrheit. Wenn es die christliche Erlösung wirklich gibt (also nicht nur jene psychologische Erlösung der modernen Theologie), so gibt es auch ein Verlorensein.

Als ich vor einigen Jahren anfing, diesen Weg der persönlichen Evangelisation einzuschlagen, fragte mich meine Frau: »Hast Du keine Angst, eines Tages könnte mal jemand Selbstmord begehen?« Und tatsächlich hat es einmal ein Mädchen versucht; glücklicherweise ist es aber am Leben geblieben und später zum Glauben gekommen. Aber auch bei einem anderen Ausgang hätte ich – nach einer Wanderung in den Bergen und tränenerfüllter Zwiesprache mit Gott – auch meinem nächsten Gesprächspartner die bittere Wahrheit über sich selbst mitgeteilt.

Das können wir aber erst dann, wenn wir uns selbst über die Frage klar geworden sind, ob das jüdisch-christliche System wahr ist, und zwar in dem Sinne, wie wir oben Wahrheit definiert haben. Wenn wir uns dessen völlig gewiß sind, dann können wir auch aus Liebe zu den Menschen den Mut aufbringen, ihre Schutzdächer wegzunehmen und ihre Verteidigungsstellungen zu zerstören. In der Auseinandersetzung mit modernen Menschen müssen wir die Redlichkeit besitzen, uns selbst immer wieder den Fragen zu stellen: Existiert Gott? Ist der Inhalt des jüdisch-christlichen Systems die Wahrheit?

Je mehr Verständnis wir beim Entfernen des Schutzdaches beweisen, desto kläglicher wird sich der Mensch vorkommen, der die christliche Antwort ablehnt. In einer gefallenen Welt müssen wir uns damit abfinden, daß die Menschen, die das Evangelium trotz unserer liebevollen Verkündigung ablehnen, in einer bedauernswerten Lage sind – es ist finster da draußen! Ich glaube, ich kann deshalb überzeugend mit diesen Menschen des zwanzigsten Jahrhunderts sprechen, weil ich etwas von dieser Finsternis kenne. Die Menschen müssen uns abspüren, daß wir die Realität der Finsternis, die sie durchwandern, auch einmal vor Augen gehabt haben.

Es ist wahrlich kein erhebendes Gefühl, einen Menschen zur Aufrichtigkeit sich selbst gegenüber zu führen. Denn wir treiben ihn auf der Grundlage seines Systems nicht nur in den absoluten Widerspruch Gott gegenüber, sondern auch sich selbst gegenüber. Wir vertreiben ihn aus der wirklichen Welt, und natürlich ist das schmerzhaft, natürlich herrscht Finsternis an einem Ort, wo der Mensch, um seinen nicht-christlichen Denkvoraussetzungen treu zu sein, jegliche Realität leugnen muß – in diesem wie im zukünftigen Leben.

Oft dauert es viel länger, einem Menschen die logischen Folgerungen seines Systems deutlich zu machen als ihm dann später Gottes Antwort auseinanderzulegen. Schon Luther sprach vom Gesetz und Evangelium: zuerst muß durch das Gesetz die Unzulänglichkeit klar gemacht werden. Erst wenn der Mensch weiß, daß ihm etwas fehlt, kann er das christliche Angebot annehmen. Erst dann können wir ihm die Ursache und Natur seines »Totseins« erklären und im Zusammenhang der Wahrheit Gottes Lösung präsentieren. Unterlassen wir es aber, das Schutzdach vollständig zu entfernen, wird der Mensch des zwanzigsten Jahrhunderts nicht begreifen, was wir ihm eigentlich mitteilen wollen, wird weder die Ursache seines »Totseins«, noch die Antwort verstehen. Vergessen wir nie, daß der Ausgangspunkt des Evangeliums nicht »Nimm Christus als Erlöser an« heißt, sondern »Es gibt einen Gott«! Danach erst können wir Gottes Antwort auf das moralische Dilemma des Menschen durch das vollbrachte Sühnewerk Christi hören.

Sind wir mit einem Gesprächspartner soweit gekommen, entdecken wir, daß für den oft so komplizierten modernen Menschen unterhalb der Linie der Verzweiflung – sei er noch so welterfahren, kultiviert oder gelehrt – das alte Evangelium die immer neue Frohe Botschaft ist, wenn er nur seine Not erkennt. Das

Großartige ist, daß von diesem Punkt an nicht nur dieselben Vorstellungen, sondern auch dieselben Worte von allen Menschen begriffen werden.

Ich erinnere mich, wie vor einigen Jahren zwei Menschen am gleichen Tage zum Glauben an Jesus Christus kamen. Der eine war ein hochgebildeter Arzt, der andere ein einfacher Schweizer Landwirt. Bei den voraufgegangenen Gesprächen hätte der Landwirt wohl kaum etwas von dem Gedankenaustausch mit dem Arzt verstanden; doch an diesem Tag – nachdem beide erkannt hatten, was ihnen fehlte – konnte ich zunächst im Gespräch mit dem einen und dann mit dem anderen nicht nur dieselben Gedanken äußern, sondern sogar dieselben Worte gebrauchen, um ihnen die Antwort Gottes auf ihre Not zu verkünden. Hat der gebildete oder der einfache Mensch einmal seine Not erkannt, sind komplizierte Worte überflüssig; alles was nun zu sagen ist, läßt sich in denselben einfachen Gedanken und Worten ausdrükken.

Das Problem, auf das wir heute in der Begegnung mit dem modernen Menschen stoßen, ist nicht, wie wir die christliche Botschaft verändern, wie wir sie ihm schmackhafter machen können, denn damit würden wir jede Chance verlieren, dem Menschen in seiner Verzweiflung die wahre Antwort zu bringen. Vielmehr geht es einfach darum, wie wir die Evangeliumsbotschaft *formulieren* können, damit er sie auch wirklich versteht.

Glauben im biblischen Sinne

Der christliche Glaube ruht auf zwei Eckpfeilern: Der Wirklichkeit der Existenz Gottes, also der Tatsache, daß er da ist,[1] und der Einsicht, daß das Dilemma des Menschen moralisch und nicht metaphysisch begründet ist. Dem Wahrheitsanspruch dieser beiden Aussagen muß sich jeder Mensch auf seiner eigenen Ebene stellen.

Als der Kerkermeister in Philippi Paulus und Silas fragte: »Was muß ich tun, um errettet zu werden?«, lautete die Antwort: »Glaube an den Herrn Jesus, und du wirst errettet werden, du und dein Haus. Und sie redeten das Wort des Herrn zu ihm und allen, die in seinem Hause waren.«[2]

Diese Antwort stand aber nicht isoliert im leeren Raum. Aus dem Erdbeben und dem erstaunlichen Verhalten von Paulus und Silas im Gefängnis konnte der Kerkermeister auf die Existenz eines persönlichen Gottes schließen — eines Gottes, der in der Geschichte handelt, der Gebet beantwortet und der im Leben des Menschen wirklich ist. Aber das war nicht alles. Schon ehe die beiden ins Gefängnis geworfen worden waren, war die ganze Stadt über die Predigt von Paulus und Silas in Aufruhr gewesen. Aus der präzisen Formulierung der Frage des Kerkermeisters und allem, was wir sonst noch über die Arbeitsweise von Paulus wissen, können wir außerdem schließen, daß der Kerkermeister die christliche Botschaft schon von Paulus selbst gehört hatte.

Nachdem der Gefängniswärter die beiden in sein Haus gebracht hatte, sprachen Paulus und Silas weiter mit ihm und seinen Angehörigen über ihren Herrn. Erst danach — und es hat sich hier gewiß nicht nur um eine kurze Unterhaltung von einigen Minuten gehandelt — glaubten sie alle.

Der christliche Glaube beruht auf einem Inhalt. Er ist keine verschwommene Sache, die echtes Verstehen ersetzt, auch macht nicht die Größe des Glaubens selbst seinen Wert aus. *Die wahre Grundlage für den Glauben ist nicht der Glaube selbst, sondern das vollendete Werk Christi am Kreuz.* Ich werde nicht aufgrund meines Glaubens errettet, sondern aufgrund des Werkes Christi. Der christliche Glaube richtet sich nach außen, auf eine wirkliche Person: »Glaube an den Herrn Jesus, und du wirst errettet werden.«

Haben wir erst einmal erkannt, daß Gott wirklich existiert, und begriffen, daß wir einem heiligen Gott gegenüber wahre moralische Schuld haben, dann können wir uns auch über die Antwort auf unser Dilemma freuen. Die Antwort kommt von Gott, nicht von uns.

Nun beginnen wir auch, den wunderbaren Inhalt der in Aussagen gefaßten Verheißungen Gottes zu ermessen. Paulus und Silas gaben dem Kerkermeister eine solche klare Verheißung Gottes, und Gott gibt in der Bibel weitere solche Zusagen. So heißt es z. B. in Joh. 3, 36: »Wer an den Sohn gaubt, hat das ewige Leben; wer nicht an den Sohn glaubt, wird das Leben nicht sehen, sondern der Zorn Gottes bleibt auf ihm.« Hier finden wir eine klare Antithese. Der zweite Teil des Verses spricht vom gegenwärtigen und zukünftigen Verlorensein des Menschen, der erste Teil nennt Gottes Lösung. Der Ruf zum Glauben an Christus beruht auf der klaren Verheißung Gottes. Wir sollen prüfen, ob das wirklich stimmt; dann aber sind wir vor eine Entscheidung gestellt — entweder glauben wir ihm, oder wir nennen Gott einen

Lügner und lassen ihn links liegen, weil wir uns nicht beugen wollen.

Angesichts der Verheißungen Gottes muß sich der Mensch in zweierlei Hinsicht beugen, wenn er den christlichen Glauben annimmt: Einmal muß er sich im Bereich des Seins (metaphysisch) demütigen, d. h. er muß bekennen, daß er dem unendlich-persönlichen Schöpfer, der wirklich da ist, als Geschöpf gegenübersteht. Zweitens muß er sich im Bereich der Moral beugen — muß zugeben, daß er gesündigt hat und deshalb dem Gott gegenüber, der wirklich da ist, wirkliche moralische Schuld trägt. Hat er aber wahre moralische Schuld einem unendlichen Gott gegenüber, so ist er als begrenztes Wesen unfähig, diese Schuld zu tilgen. Und deshalb benötigt er eine nicht-humanistische Lösung. In dieser Lage hört er nun die klare, bestimmte Verheißung Gottes: »Glaube an den Herrn Jesus, und du wirst errettet.«

Jetzt bleibt noch zu klären, was das bedeutet: an den Herrn Jesus glauben. Was heißt das, an Christus glauben, sich in ihm bergen? Wir müssen, so meine ich, Klarheit über vier entscheidende Fragen gewinnen. Zwar gibt es noch weitere Einzelaspekte, diese vier Punkte aber sind ausschlaggebend. Es sind keine Schlagworte zum Auswendiglernen, und sie müssen auch nicht unbedingt in dieselben Worte gekleidet werden. Wer im biblischen Sinne glauben will, der muß jedoch die folgenden vier Fragen positiv beantworten können:

1. Glauben Sie, daß Gott existiert, daß er ein persönlicher Gott ist und daß Jesus Christus Gott ist — wobei wir festhalten, daß wir nicht von dem Wort oder Begriff »Gott« sprechen, sondern von dem unendlich-persönlichen Gott, der wirklich da ist?

2. Erkennen Sie, daß Sie diesem Gott gegenüber schuldig sind — wobei wir nicht von Schuldgefühlen sprechen, sondern von wirklicher moralischer Schuld?

3. Glauben Sie, daß Jesus Christus in Raum, Zeit und Geschichte am Kreuz gestorben ist und durch seinen Tod ein völlig ausreichendes Sühnewerk vollbracht und die Strafe Gottes für die Sünden auf sich genommen hat?

4. Haben Sie sich aufgrund der Verheißung Gottes in der Bibel, seiner schriftlichen Mitteilung an uns, in diesem Christus als Ihrem persönlichen Heiland geborgen — ohne sich auf irgend etwas zu stützen, was Sie selbst je getan haben oder je tun werden?

Beachten Sie also, daß Gottes Verheißung »Wer an den Sohn glaubt, hat das ewige Leben« mit folgenden Tatsachen steht und fällt: Gott ist wirklich da; Christus ist die zweite Person der Trinität, daher hat sein Tod unendlichen Wert; ich bilde mir nicht ein, mich selbst retten zu können, sondern vertraue ganz auf das vollendete Werk Christi und die niedergeschriebenen Verheißungen Gottes. Mein Glaube ist lediglich die leere Hand, mit der ich die freie Gabe Gottes annehme.

In John Bunyans *Pilgerreise* drückt es Hoffnungsvoll folgendermaßen aus:

»Er, (Getreu) sagte mir, ich solle zu ihm gehen und sehen. Ich bemerkte aber, daß dies doch verwegen sein würde. Nein, versetzte er, du bist ja dazu eingeladen. Sodann gab er mir ein Buch vom Herrn selbst eingegeben, um mich desto mehr zu ermutigen, daß ich zu ihm gehen möge. Von diesem Buch sagte er, daß jeder Buchstabe und Titelchen darin fester stehe als Himmel und Erde ... Hiernach fragte ich ihn, wie ich denn meine Bitten einrichten müsse. Da sagte er, gehe hin und du wirst sehen, daß er das ganze Jahr hindurch auf einem Gnadenstuhl sitzt, Erbarmen und Vergebung zu schenken allen, die zu ihm kommen. Nun wendete ich ein, ich wisse nicht, was ich sagen solle, wenn ich zu ihm käme, er aber hieß mich also sprechen: Gott, sei mir Sünder gnädig, verleihe mir, daß ich Jesum Christum erkenne und an ihn glauben möge, denn ich sehe ein, daß ich ohne seine Gerechtigkeit und ohne den Glauben an dieselbe verloren gehen muß. O Herr, ich habe vernommen, daß Du ein gnädiger Gott bist, und daß Du Deinen Sohn Jesus Christus zum Heiland der Welt verordnet hast. Auch, daß Du bereit bist, ihn armen Sündern, wie ich bin, zu schenken. Und wahrlich, ich bin ein armer Sünder. So laß denn, o Herr, mich nicht unerhört von Dir gehen, sondern verherrliche Deine Gnade an mir durch die Errettung meiner Seele, um der Verdienste Deines Sohnes Jesu Christi willen.«

Bunyan fährt fort, Hoffnungsvoll habe das nicht sofort begriffen. Bald aber sei es ihm aufgegangen, und er habe gesagt: »Aus allem diesem schloß ich, daß ich meine Gerechtigkeit in Seiner Person und die Genugtuung für meine Sünden in Seinem Blute suchen müsse, denn alles, was er aus Gehorsam gegen das Gesetz seines Vaters getan, so daß er die Strafe auf sich genommen, sei nicht geschehen für ihn, sondern für solche, welche solches zu ihrer Seligkeit annehmen und ihm dafür dankbar sind.«[3]

Das bedeutet »an den Herrn Jesus glauben«. Wenn ein Mensch so glaubt, dann hat er Gottes Zusage, daß er ein Christ ist.

Natürlich ist der Schritt zu Christus erst der Anfang einer Entwicklung, auf die wir im letzten Teil noch näher eingehen werden. Hier seien nur vier Punkte genannt, die jeder Christ beachten sollte:

1. Regelmäßiges Studium der Bibel, die Gottes Kommunikation an uns ist.

2. Regelmäßiges Gebet. Da unsere Schuld jetzt hinweggenommen ist, besteht keine Trennung mehr zwischen uns und Gott, wir können frei mit ihm sprechen, und zwar auf zwei Arten: in besonderen Gebetszeiten und im ständigen Aufblick zum Herrn bei unseren alltäglichen Verrichtungen.

3. Das Gespräch mit anderen über den Gott, der wirklich da ist, und seine Antwort auf das Dilemma des Menschen.

4. Regelmäßiger Besuch einer Gemeinde, in der die Bibel als das Wort Gottes geglaubt und verkündet wird – das ist die Gemeinde, die dem Inhalt der Bibel treu ist.

FÜNFTER TEIL

Vorarbeit zur Evangeliumsverkündigung - keine einfache Sache

1. Kapitel

Vermittlung des christlichen Glaubens an unsere Generation

Verteidigung des Glaubens

Die christliche Apologetik verfolgt zwei Ziele: (1) Die Verteidigung des Glaubens und (2) die Verkündigung des Evangeliums in einer der jeweiligen Generation verständlichen Weise.

Die Verteidigung ist berechtigt und notwendig, denn das historische Christentum ist in jedem Zeitalter Angriffen ausgesetzt. Verteidigung bedeutet nicht, sich in die Defensive drängen lassen. Stören wir uns nicht am Wort »Verteidigung«! Die Vertreter jeder Weltanschauung müssen Rede und Antwort stehen, wenn sie ihrer Generation etwas zu sagen haben wollen. Das Wort »Verteidigung« ist hier nicht negativ gemeint, denn in jedem Gespräch, in jedem echten Dialog müssen auf Fragen und Einwände entsprechende Antworten gegeben werden.

Solche Antworten sind zunächst einmal um meiner selbst willen notwendig, wenn ich als Christ meine intellektuelle Redlichkeit wahren und mein eigenes Glauben und Denken auf einen gemeinsamen Nenner bringen will. Zweitens muß ich diese Antworten denen geben können, für die ich verantwortlich bin.

Man kann doch nicht von den Menschen der kommenden Generation erwarten, daß sie an der historisch-christlichen Position festhalten, wenn man ihnen nicht vorher klargemacht hat, inwiefern die Argumente und Gedankengänge, die ihre Zeitgenossen gegen das Christentum ins Feld führen, falsch sind. Wir müssen die jungen Christen auf die Auseinandersetzung mit der monolithischen Kultur des 20. Jahrhunderts vorbereiten, müssen ihnen zeigen, in welcher Hinsicht sich die Angriffe gegen das Evangelium in unserer Zeit von denen in früheren Generationen unterscheiden.

Wohin ich auch komme, stelle ich fest, daß viele Kinder überzeugter Christen den Boden des historischen Christentums verlassen haben. Diese Entwicklung ist nicht auf kleine Gruppen an bestimmten Orten beschränkt, sondern überall anzutreffen. Die jungen Leute gehen in die Irre, weil die Eltern ihre eigenen Kinder nicht mehr verstehen und ihnen deshalb nicht wirklich helfen können. Diesen Mangel an Verständnis finden wir nicht nur bei einzelnen Eltern, sondern bei ganzen Gemeinden, Bibelschulen und Missionsgesellschaften. Manche christliche Seminare – und ich denke hier nicht an »liberale« Schulen – verlieren viele ihrer besten Schüler vor dem Studienabschluß. Wir haben die heranwachsende Generation dem Denken des 20. Jahrhunderts, das von allen Seiten auf sie einstürmt, schutzlos ausgesetzt.

Wir brauchen also eine bewußte Apologetik – für uns selbst und für die Menschen, für die wir Verantwortung tragen. Wir dürfen nicht voraussetzen, wir seien automatisch gegen die Einflüsse unserer Umwelt gefeit, weil wir wahre Christen sind und der Heilige Geist in uns wohnt. Zwar kann der Heilige Geist tun, was er will; aber nach der Bibel erspart uns sein Wirken nicht das eigene Denken. Ebensowenig entbindet es uns von unserer Verantwortung als Eltern, Pastoren, Evangelisten, Missionare oder Lehrer.

Mitteilung des Glaubens

Nun darf sich aber christliche Apologetik niemals auf die Abwehr von Angriffen beschränken. Wir haben die Aufgabe, unserer Generation das Evangelium zu verkünden.

Christliche Apologetik bedeutet nicht, in einer Burg mit hochgezogener Zugbrücke zu leben und ab und zu einen Stein über die Mauer zu schleudern. Wir dürfen nicht in eine Festungsmentalität verfallen, uns ruhig hinsetzen und den andern zurufen: »Hier kommt ihr nicht an uns ran!« Wer in Theorie oder Praxis eine solche Haltung einnimmt, verliert den Kontakt mit denen, die die Denkweise des zwanzigsten Jahrhunderts angenommen haben. Apologetik darf nicht nur ein Gegenstand intellektueller Auseinandersetzungen, eine neue Art von Scholastizismus, sein. Sie muß durchdacht werden und sich im Hin und Her des lebendigen Kontaktes mit der jetzigen Generation bewegen und bewähren. Der Christ darf sich nicht damit begnügen, ein ausgewogenes weltanschauliches System – etwa nach dem Muster der griechischen Metaphysik – zu vertreten, sondern muß es ständig mit der Wirklichkeit in Verbindung bringen – der Wirklichkeit der brennenden Fragen, mit denen seine eigene Generation ringt.

Niemand kann Christ werden, solange er die Botschaft des Christentums nicht versteht. Viele Pfarrer, Missionare und christliche Lehrer scheinen völlig hilflos zu sein, sobald sie mit den gebildeten oder weniger gebildeten Menschen ihrer Umgebung zu sprechen versuchen. Sie scheinen zu übersehen, daß unser Auftrag lautet, zu *unserer* Generation zu sprechen; die Vergangenheit ist vergangen, die Zukunft ist noch nicht da. Der positive Aspekt der Apologetik ist also die Verkündigung des Evangeliums an die heutige Generation, und zwar in Worten, die sie verstehen kann.

Wir müssen vor allem festhalten, daß es ohne das Wirken des Heiligen Geistes und ohne eine lebendige Gebetsverbindung des Christen mit seinem Herrn keine wahre Apologetik gibt. Wir müssen uns klarmachen, daß wir letztlich nicht gegen Fleisch und Blut kämpfen.

Aber die Bibel betont immer wieder, daß der Errettung ein Denkakt voraufgehen muß, und das sollte uns veranlassen, uns das notwendige Wissen anzueignen, um das Evangelium zu verkündigen. Das historische Christentum hat nie das Denken abgelehnt. Es hat vielmehr immer darauf hingewiesen, daß alle Wahrheit eine Einheit ist, und diese Überzeugung müssen wir lehren und vertreten, auch wenn Denken und Theologie des zwanzigsten Jahrhunderts sie bestreiten.

Die Aufforderung zur Entscheidung kann erst erfolgen, wenn eine angemessene Erkenntnisgrundlage vermittelt worden ist. Mit eben diesem Argument begründet Johannes die Niederschrift seines Evangeliums: »Auch viele andere Zeichen tat Jesus vor seinen Jüngern, die nicht geschrieben sind in diesem Buch. Diese aber sind geschrieben, daß ihr glaubet, Jesus sei Christus, der Sohn Gottes, und daß ihr durch den Glauben Leben habet in seinem Namen.«[1] Das Wort »Zeichen« bezieht sich auf die historischen Ereignisse des Lebens, des Todes und der Auferstehung Christi, die in diesem Evangelium überliefert sind. In der Sprache des zwanzigsten Jahrhunderts könnten wir »Zeichen« mit »Raum-Zeit-Beweis« übersetzen. »Viele andere Raum-Zeit-Beweise gab Jesus.« Beachten Sie, daß sich diese Raum-Zeit-Beweise beobachten lassen — das liegt in ihrem Wesen — und folglich als Ereignisse beschrieben sind, die die Jünger als Augenzeugen miterlebten. Mehr noch: Sie sind auch in verbalisierter Form niedergeschrieben worden, und das bedeutet, daß diese Raum-Zeit-Beweise mittels der normalen, grammatikalisch und lexikalisch formulierten Sprache beschrieben und untersucht werden können.

Auch die Reihenfolge der in diesen Versen enthaltenen Aussagen ist bemerkenswert. Erstens sind diese Raum-Zeit-Beweise niedergeschrieben und können daher genau geprüft werden. Zweitens dienen sie als Grundlage für den Nachweis, daß Christus der im Alten Testament verheißene Messias und der Sohn Gottes ist. Wir werden also – drittens – erst dann zu glauben aufgefordert, nachdem wir uns über die Wahrheit des Glaubensinhalts mit Hilfe der Raum-Zeit-Beweise Gewißheit verschafft haben.

Dasselbe Fundament wahrer Erkenntnis wird im Prolog zum Lukasevangelium gelegt.[2] »Da nun schon viele es unternommen haben, eine Erzählung der Ereignisse abzufassen, die sich unter uns zugetragen haben« (es handelt sich um geschichtliche Ereignisse, die sich in Raum und Zeit »unter uns« zugetragen haben), »wie sie uns diejenigen überliefert haben, die von Anfang an Augenzeugen gewesen sind« (diese geschichtlichen Ereignisse sind für Augenzeugen nachprüfbar gewesen), »und Diener des Wortes, hielt auch ich es für gut, nachdem ich allem von vorn an genau nachgegangen, es der Reihenfolge nach für dich aufzuzeichnen, hochangesehener Theophilus« (was nachprüfbar ist, kann auch mit Hilfe der Sprache schriftlich mitgeteilt werden), »damit du die Zuverlässigkeit der Dinge erkennst, über die du unterrichtet worden bist.« Hier wird kein Sprung ins Dunkle verlangt, denn es ist möglich, die »Zuverlässigkeit« zu erkennen. Erst wenn wir diese Einführung begriffen haben, können wir das übrige Lukasevangelium lesen, das einsetzt mit: »Zu der Zeit des Herodes, des Königs in Judäa, war ein Priester ...« Wir wissen ja nun aus der Einführung, daß Lukas sich mit historischer Wahrheit beschäftigt und daß Herodes, Zacharias und Christus in einen bestimmten räumlich-zeitlichen Rahmen gehören.

Das Denken geht dem Glauben voraus. Nur so verstehen wir die Bibel richtig. Wenn wir erklären, daß nur der Glaube, der aufgrund von Erkenntnis an Gott glaubt, wahrer Glaube ist, so sagen wir etwas, das in der Welt des zwanzigsten Jahrhunderts wie eine Explosion wirkt.

2. Kapitel

Die Bedeutung der Wahrheit

Vor einiger Zeit sprach ich an der Universität Oxford zu einer Gruppe von Theologiestudenten über Fragen der Verkündigung des Evangeliums an solche, die in besonderem Maße vom vorherrschenden Denken des zwanzigsten Jahrhunderts geprägt sind. Nach meinem Vortrag erhob sich ein kanadischer Student und sagte: »Dr. Schaeffer, wenn wir Sie richtig verstehen, dann sagen Sie, daß der eigentlichen Evangeliumsverkündigung eine intellektuelle Vorarbeit voraufgehen muß. Wenn das stimmt, dann haben wir hier in Oxford einen großen Fehler gemacht und erreichen viele unserer Mitmenschen nur deshalb nicht, weil wir uns nicht genügend Zeit für diese Vorarbeit genommen haben.« Dem konnte ich nur zustimmen.

Vor der Bekehrung steht die Wahrheitsfrage

Ehe jemand Christ werden kann, muß er zu einem klaren Verständnis der Wahrheit kommen, ganz gleich, ob er seinen bisherigen Wahrheitsbegriff ganz durchdacht hat oder nicht. Alle Menschen denken und handeln bewußt oder unbewußt innerhalb des Rahmens einer bestimmten Wahrheitsauffassung. Unser Wahrheitsverständnis beeinflußt entscheidend unsere Vorstellung von dem, was es heißt, Christ zu werden. Es geht uns an dieser Stelle nicht um den Inhalt der Wahrheit, sondern um das Konzept der Wahrheit – was Wahrheit als solche ist.

Manche, die sich für echte Christen halten, sind von den Denkformen des zwanzigsten Jahrhunderts beeinflußt. Bei der Bekehrung zu Christus muß zunächst einmal die Wahrheitsfrage gelöst werden. Der Ausdruck »Christus als Erlöser annehmen« kann alles Mögliche bedeuten. Diese Aussage hängt in der Luft, wenn wir nicht unmißverständlich klarstellen, daß wir von objektiver Wahrheit sprechen, wenn wir behaupten, das Christentum sei wahr, und deshalb sei »Christus als Erlöser annehmen« nicht nur eine Spielart des »Sprungs« in den oberen Bereich.

Wie die Frage der objektiven Wahrheit geklärt werden muß, bevor wir wirksam evangelisieren können, so können wir auch erst über echtes geistliches Leben sprechen, nachdem wir diese Frage geklärt haben. Vom biblischen Standpunkt her ist geistliches Leben kein Teilbereich des Lebens, der ohne Beziehung zum Ganzen steht – die biblische Auffassung widerspricht den modernen Glaubenskonzepten, die wir im Westen wie im Osten finden, und leider auch gewissen evangelikalen Konzepten. Geistliches Leben ist kein Fragment, denn es umschließt den ganzen Menschen in seiner gesamten Existenz. Im Gegensatz zu diesem biblischen Konzept hat sich im evangelikalen Raum eine Art platonischer Auffassung entwickelt, insofern die Seele im Verhältnis zum ganzen Menschen, einschließlich des Leibes und des Verstandes, überbewertet wird.

Im Gegensatz zum modernen Begriff der Spiritualität muß betont werden, daß die biblisch verankerte geistliche Erfahrung stets untrennbar mit objektiver Wahrheit verknüpft ist. Sie ist weder eine lediglich emotionale, noch ist sie eine inhaltlose Erfahrung.

Wahres geistliches Leben hat drei Aspekte: Am Anfang steht unabdingbar die Suche nach jemandem (oder etwas), der (das) »da ist«, und die Frage, wie ich in eine Beziehung dazu treten kann. Dieses »Etwas« muß zunächst verstanden und definiert werden. Es gibt keine persönliche Beziehung zu einem unbekannten Gegenüber. Wenn ich jedoch weiß, mit wem ich persönliche Gemeinschaft pflegen soll und wie ich diese erlangen kann, kommt der eigentliche Schritt, mit dem ich in diese Beziehung eintrete. Die Bibel nennt diesen Vorgang »Wiedergeburt«, und diesen Schritt kann jeder nur als einzelner vollziehen. Wir können nicht in Gruppen von neuem geboren werden, sondern stets nur einer für sich. Aber wenn die Wiedergeburt auch etwas Individuelles ist, so ist sie doch nicht individualistisch. Die beiden Wörter mögen ähnlich klingen, bedeuten aber etwas völlig anderes. Damit haben wir die Basis für ein ganzes soziologisches und kulturelles Konzept.

Wahre Spiritualität läßt sich weder von der Wahrheit einerseits, noch vom ganzen Menschen und der ganzen Kultur anderseits abstrahieren. Wenn es wahres geistliches Leben gibt, so muß es alle Bereiche umschließen. Die Bibel besteht darauf, daß alle Wahrheit eine Einheit ist—und damit ist sie heute nahezu das einzige Lehrsystem, das diese Überzeugung noch festhält.

Um jegliche Verwirrung zu vermeiden, wollen wir zunächst einmal festhalten, was wir *nicht* meinen, wenn wir von der Einheit der Wahrheit sprechen. Zunächst einmal darf man vom biblischen Standpunkt her Wahrheit nicht mit Orthodoxie gleichsetzen. Orthodoxie ist wichtig, und ich selbst bin als überzeugter orthodoxer Theologe bekannt. Der Bezugspunkt der Wahrheit aber ist letztlich nicht die Orthodoxie. Zweitens wurzelt die Wahrheit auch nicht in den großen Glaubensbekenntnissen. Auch ich bin überzeugt, daß wir für die Aussagen der historischen christlichen Glaubensbekenntnisse eintreten sollten; trotz des Wertes der Glaubensbekenntnisse sollten wir jedoch festhalten, daß die Wahrheit letztlich nicht von ihnen abhängt. Die Wahrheit gründet sich auf etwas, das hinter der Orthodoxie und den Glaubensbekenntnissen steht.

Drittens hängt die Wahrheit letztlich nicht einmal von der Heiligen Schrift ab. Obwohl ich persönlich daran festhalte, was die frühe Kirche und die Reformatoren über die Heilige Schrift gelehrt haben, und obwohl ich ihre Aussagen über die Schrift für entscheidend wichtig halte, so gründet sich doch die Wahrheit auf etwas, das hinter der Schrift steht. Die Bibel ist nicht wegen der Art ihres Druckes oder wegen ihres besonderen Ledereinbandes wichtig. Ihr einzigartiger Wert ist nicht einmal darin begründet, daß sie vielen Menschen geholfen hat. Die Bibel, die historischen Glaubensbekenntnisse und die Orthodoxie sind deshalb wichtig, weil Gott da ist; diese Tatsache verleiht ihnen letztlich erst ihre Wichtigkeit.

Das wurde mir vor einigen Jahren ganz deutlich, als ein junger Deutsch-Schweizer Architekt in einem unserer Farel-Haus-Seminare über die letzten Essays von Max Planck referierte. Er wies darauf hin, Planck habe – als Physiker in der Terminologie seiner Wissenschaft – gesagt, der moderne Mensch habe in unserer Generation die Grenze der Erkenntnis mehrmals hinausrücken müssen, und es entstehe die Frage, wo wohl die letzte Grenze sei. Wir wüßten nicht, an welche Erkenntnisgrenze wir in der materiellen Struktur des Universums stoßen würden. Diese Vorstellung einer letzten Grenze regte mich als Christen zum Nachdenken an – welche Konsequenzen ergeben sich daraus für die Verkündigung im zwanzigsten Jahrhundert? Welches ist die letzte Grenze der Wahrheit?

Die Antwort kann nur lauten: Die Existenz Gottes und sein Wesen. Christliche Wahrheit gründet sich also auf das, was existiert – und letztlich auf den Gott, der existiert. Dann bedeutet wahres geistliches Leben, das rechte Verhältnis zu dem Gott haben, der wirklich da ist – zunächst im einmaligen Akt der Rechtfertigung, dann im Erleben dieses Verhältnisses als fortwährende existentielle Realität. Das meint die Bibel mit wahrem geistlichem Leben – eine dauernde existentielle Beziehung zu dem Gott, der existiert.

Hinter der Wahrheit – Gott

Ich habe die Formulierung »Gott ist da« als Äquivalent der Aussage »Gott existiert« gewählt – nicht aus Unkenntnis der heutigen theologischen Diskussion, auch nicht, weil mir Menschen begegnet wären, die an der Wahrheit der Bibel festgehalten und deshalb an ein dreistöckiges Universum geglaubt hätten; ich möchte vielmehr dadurch den Problemen der modernen Theologie begegnen, die ableugnet, daß Gott im historisch-biblischen Sinne wirklich da ist. Wir müssen den Mut zur Aussage haben, daß Gott wirklich da ist oder – um einen anderen Ausdruck zu gebrauchen – daß Gott selbst die letzte Wirklichkeit ist, der Gott, der alles andere erschaffen hat.

Wenn wir sagen: »Gott ist da«, müssen wir ausdrücklich betonen, daß wir damit »Gott existiert« meinen und nicht nur das *Wort* Gott oder die *Vorstellung* Gott. Wir sprechen vom rechten Verhältnis zu dem lebendigen Gott, der existiert. Um die Probleme unserer Generation zu verstehen, sollte uns diese Unterscheidung klar bewußt sein.

Die Semantik (linguistische Analyse) steht heute vielfach im Mittelpunkt der philosophischen Diskussion. Obwohl der Christ diese Arbeit nicht als Philosophie im eigentlichen Sinne anerkennen kann, so sollte er doch dankbar der Ansicht zustimmen, daß Wörter definiert werden müssen, ehe sie zur Kommunikation tauglich sind. Als Christen müssen wir begreifen, daß es kein inhaltloseres Wort gibt als das undefinierte Wort »Gott«. Kein Wort ist je mit so konträren Inhalten gefüllt worden wie das Wort »Gott«. Lassen wir uns also nicht täuschen! Es wimmelt heute geradezu von »Spiritualität«, die sich auf das *Wort* »Gott« oder die *Idee* »Gott« beruft; gerade darum geht es uns hier aber nicht. Biblische Wahrheit und biblische Spiritualität gründen sich nicht auf das *Wort* Gott oder die *Idee* Gott. Sie gründen sich auf den Gott, der wirklich da ist – und das ist ein völlig anderes Konzept.

Die Diskussion über die Frage, wer oder was Gott ist, führt direkt zur zweiten fundamentalen Frage unserer Zeit: »Wer oder was bin ich?« Eine sinnvolle Beziehung zwischen Gott und Mensch ist erst möglich, wenn diese Fragen beantwortet sind.

Die Art der Antwort, die wir auf diese beiden Fragen geben, ist für unser Verständnis des Verhältnisses zwischen Gott und Mensch von grundlegender Bedeutung. Ob wir dieses Verhältnis mechanisch, deterministisch oder – unendlich viel wunderbarer – persönlich auffassen, entscheidet sich an unseren Antworten auf die beiden Fragen: »Wer ist dieser Gott, der wirklich da ist?«, und: »Wer bin ich?«

Viele feinfühlige Menschen ringen heute um den Sinn ihres Lebens, fragen: »Wozu ist der Mensch eigentlich da?« Und der moderne Mensch hat diese Frage auf dem Boden des Humanismus nicht zufriedenstellend beantworten können – weder auf rein rationalistischem Wege, noch mit Hilfe des Sprungs ins Dunkel des modernen säkularen oder theologischen Mystizismus. Der Mensch des zwanzigsten Jahrhunderts ist die Antwort schuldig geblieben.

Wenn mich jemand fragt, wie denn der Christ die Sinnfrage des menschlichen Lebens beantworte, so verweise ich ihn stets auf das erste (»vornehmste«) Gebot Christi. Nebenbei sei bemerkt, daß es keinen Grund gibt anzunehmen, dieses Gebot: »Du sollst Gott deinen Herrn lieben von ganzem Herzen, von ganzer Seele, von ganzem Gemüte und mit all deinen Kräften«[1] sei erst von Jesus in den Rang des »vornehmsten« Gebotes erhoben worden. Wie wir wissen, hat er es ja aus dem fünften Buch Mose zitiert. Aber wir können noch mehr sagen: Es ist ohne Zweifel das wichtigste Gebot, weil in ihm das Ziel des Menschen, mein Ziel, vorgestellt wird.

Aber diese Antwort allein genügt nicht. Ohne die Antwort des historischen Christentums, daß Gott wirklich da ist, wäre dieses Zitat für den aufrichtigen Fragesteller nur eine Phrase unter vielen, nichts als eine weitere »religiöse Antwort« vom Typ des zwanzigsten Jahrhunderts; dann aber dürfen wir ihn nicht tadeln, wenn er nicht mehr zuhören will. Dieses erste Gebot, den Gott, der wirklich da ist, als ganzheitlicher Mensch zu lieben, enthält ein totales Konzept von Leben und Wahrheit.

Man kann nur einen Gott lieben, der existiert, der persönlich ist und den man kennt. So ist also die Tatsache, daß dieser Gott sich offenbart hat, ebenfalls von größter Bedeutung. Aber dieses Gebot enthält noch mehr: eine fundamentale und faszinierende Aussage über mich selbst.

Sie ist tatsächlich faszinierend, wenn wir die Verzweiflung unserer Generation kennen. Wer mich zum linken Seine-Ufer in Paris oder zu den Universitäten Europas begleiten, wer die nüchternen, kritisch denkenden jungen Männer und Mädchen sehen könnte, die uns besuchen und mit Fragen bestürmen, hinter denen ihre tiefe Sehnsucht steckt, der würde spüren, wie elektrisierend es wirkt, endlich einmal das eigene Ich kennenzulernen.

Angesichts der modernen Mentalität ist es überwältigend zu erfahren, daß die Aufforderung, den Gott, der wirklich da ist, zu lieben, durchaus nicht unsinnig ist; zu begreifen, daß Gottes Wesen und mein Wesen dieser Aufforderung einen Sinn verleihen. Wer an dieser Stelle sagt: »Das hab ich schon als Kind gehört«, der hat die Tragweite dieser Aussage überhaupt nicht erkannt – und ihre Konsequenzen sind wahrlich erregend! Der Gott der da ist, ist ein Gott, den man lieben kann, und ich bin von meinem Wesen her fähig zu lieben. Somit ist dieses erste Gebot, in dem der Sinn des Lebens zusammengefaßt ist, alles andere als eine Nonsens-Aussage. Ich weiß, was der Mensch ist und wer ich bin.

SECHSTER TEIL

Persönliches Leben und Gemeindeleben für das Klima des zwanzigsten Jahrhunderts

1. Kapitel

Demonstration des Wesens Gottes

Die Erlösung betrifft nicht nur den einzelnen

Wir haben die Spannung untersucht, in der der Nichtchrist leben muß, die Spannung zwischen der objektiven Welt und den logischen Konsequenzen der nichtchristlichen Denkvoraussetzungen des Menschen. Wenn wir ehrlich sind, müssen wir uns auch als Christen einer Frage stellen: Wenn unsere Mitmenschen uns als einzelne und als Gemeinschaft beobachten und von unseren Denkvoraussetzungen hören – sehen sie, daß wir unseren eigenen Voraussetzungen in der Praxis treu sind?

Der Mensch (jetzt der Christ) und seine Denkvoraussetzungen → Die logischen Konsequenzen unserer christlichen Denkvoraussetzungen

In diesem letzten Teil sollen uns also die praktischen Konsequenzen beschäftigen, die eine zuschauende Welt beobachten kann.

Wir müssen uns als Christen über die logischen Konsequenzen unserer Denkvoraussetzungen klar werden. Hier behandeln wir Apologetik nicht abstrakt, nicht scholastisch, nicht als Unterrichtsthema eines christlichen Seminars, sondern als Alltagspraxis im Ringen unserer Generation. Christliche Apologetik muß einerseits zum intellektuellen Nachweis fähig sein, daß das Christentum von *wahrer Wahrheit* redet; sie muß aber auch sichtbar machen, daß sie nicht nur eine Theorie ist. Das ist nötig, um die Herde Christi zu verteidigen und, im positiven Sinne, um jene Menschen zu erreichen, die aufrichtige Fragen stellen. Zur christlichen Apologetik gehört also auch das beim einzelnen und in der Gemeinschaft sichtbare Tun. Das müssen wir uns klarmachen und überlegen, das müssen wir unbedingt praktizieren, wenn wir angesichts des heutigen Denkens beweisen wollen, daß das Christentum nicht lediglich eine bessere Dialektik ist.

Als Evangelikale, die an der Lehre der Bibel festhalten, sind wir oft in den Fehler verfallen, uns nur um die Errettung des einzelnen Gedanken zu machen. Das Wort »Christ« umschließt aber – richtig verstanden – zwei Bereiche. Zunächst einmal bezeichnet man mit »Christ« einen Menschen, der Christus als seinen Erlöser angenommen hat. Dies ist eindeutig eine individuelle Sache. Es gibt aber noch einen zweiten Aspekt, und der bezieht sich auf die Auswirkung der individuellen Errettung. Zwar betrifft die Erlösung den einzelnen, für den damit das christliche Leben beginnt, aber wenn wir die biblische Lehre von der Kirche untersuchen und die Epochen der Kirchengeschichte betrachten, in denen die Gemeinde lebendig war, stellen wir fest, daß sich die individuelle Erlösung auch im Zusammenleben der Christen zeigen muß.

Als der Mensch von Gott abfiel, war eine mehrfache Trennung die Folge. Die erste und grundlegende Trennung ist die zwischen dem revoltierenden Menschen und Gott. Daraus resultieren alle anderen Trennungen. Wir sind von Gott getrennt durch unsere Schuld – wahre moralische Schuld. Deshalb benötigen wir die Rechtfertigung aufgrund des vollendeten Sühnewerks unseres Herrn Jesus Christus. Aber die Heilige Schrift und die Erfahrung lehren uns, daß die Trennung sich nicht auf die Kluft zwischen Mensch und Gott beschränkte – der Mensch verlor auch seine personale Einheit. Dies ist die Ursache der psychologischen Probleme des Lebens. Drittens wurde der Mensch von seinem Mitmenschen getrennt – die soziologischen Probleme des Lebens entstanden. Viertens verlor der Mensch den Kontakt zur Natur.

Nach der Lehre der Heiligen Schrift soll das vollendete Werk Christi schließich alle diese Spaltungen überwinden: Diese Heilung wird in jeder Hinsicht vollkommen sein, wenn Christus an einem zukünftigen Punkt der Geschichte wiederkommt.

Durch die Rechtfertigung ist eine der Trennungen bereits völlig überwunden. Wenn ein Mensch Jesus als seinen Erlöser annimmt, erklärt Gott als Richter, daß seine Schuld sofort und für immer gelöscht ist. Was die anderen Spaltungen betrifft, so geht aus der Schrift und aus dem Ringen des Volkes Gottes in den fruchtbaren Epochen der Kirchengeschichte deutlich hervor, daß das Blut Christi in diesem Leben schon substantielle Heilung bringen soll. Mit der Erlösung des einzelnen, seiner Rechtfertigung, ist die Schuld getilgt. An jenem zukünftigen Tag, an dem mein Leib auferstehen wird, werden alle anderen Spaltungen ebenso vollkommen überwunden. In diesem Leben, in dem die Menschen uns sehen können, soll es schon eine *substantielle* Heilung der anderen Spaltungen geben. *Substantiell* ist hier das richtige Wort, denn es enthält zwei Gedanken: einmal räumt es ein, daß der Vorgang noch nicht abgeschlossen ist, zweitens aber sagt es aus, daß eine wirkliche Heilung kommen wird.

Der sichtbare Unterschied

Die Welt hat ein Recht, uns prüfend anzusehen und zu beurteilen. Jesus hat uns gesagt, die Welt werde aus der Art unserer Liebe untereinander nicht nur beurteilen, ob wir seine Jünger seien, sondern auch, ob der Vater den Sohn gesandt habe.[1] Neben der rationalen, logischen Verteidigung und Verkündigung des Glaubens ist die entscheidende Apologetik, was die Welt im einzelnen Christen und im Zusammenleben der Christen beobachten kann. Das Gebot der Liebe fordert zweifellos sehr viel mehr als lediglich eine organisatorische Einheit. Damit soll eine rechte organisatorische Bindung nicht entwertet werden, aber man kann allzu oft Menschen in einer organisierten Gruppe, die sich »Kirche« nennt, beobachten, ohne etwas von einer gegenwärtigen substantiellen Heilung der Trennung zwischen den Menschen zu merken.

Aus der Lehre Jesu und der neutestamentlichen Gemeindepraxis geht hervor, daß es zwar eine »unsichtbare Kirche« gibt, daß die Kirche jedoch nicht in einem unsichtbaren Bereich versteckt ist, als wäre es völlig belanglos, was die Menschen sehen. Wir haben den Auftrag, auf der Grundlage des vollendeten Werkes Christi, in der Kraft des Heiligen Geistes und durch den Glauben eine substantielle Heilung zu demonstrieren – als einzelne und als Gemeinschaft –, die die Menschen wahrnehmen können. Auch dies ist ein Stück der Apologetik, eine Demonstration, die zumindest im Ansatz zeigt, daß wir weder eine neue Theorie noch eine neue Dialektik anbieten, sondern eine Realität – nicht vollkommen, aber substantiell. Wenn wir nur von den Wirkungen des Evangeliums auf den einzelnen sprechen, nur diese vorweisen, wird die Welt alles als psychologische Reaktionen wegdiskutieren. Diese Ausflucht nehmen wir ihr, wenn wir als Gemeinschaft von Christen zumindest substantiell die logischen Konsequenzen der christlichen Denkvoraussetzungen vorleben. Es stimmt nicht, daß das Neue Testament eine individualistische Erlösungslehre verkündet. Individuell, ja – jeder muß persönlich zu Christus kommen –, aber nicht rein individualistisch. Am Anfang steht die individuelle Erfahrung und dann die korporative. Keine der beiden wird in diesem Leben vollkommen sein, beide müssen aber real sein. Ich habe festgestellt, daß selbst die kritischen Menschen des zwanzigsten Jahrhunderts nicht erwarten, die Christen seien vollkommen. Sie machen uns als einzelnen oder als Gemeinschaft keinen Vorwurf, wenn sie uns unvollkommen finden. Sie erwarten keine Vollkommenheit, aber sie erwarten Realität – und das Recht dazu hat ihnen Jesus Christus selbst gegeben.

Unter dem Volk Gottes muß Gemeinschaft herrschen; keine menschlich organisierte Gemeinschaft als Selbstzweck, sondern in der örtlichen Gemeinde, einer Mission, einem Seminar oder anderswo muß echte Gemeinschaft als Ergebnis persönlicher Erlösung sichtbar sein. Das ist die wahre Gemeinde Jesu Christi – keine bloße Organisation, sondern eine Gruppe von Menschen, die persönlich Kinder Gottes geworden sind und durch den Heiligen Geist für eine besondere Aufgabe auf Ortsebene oder in einem weiteren Rahmen zusammengeführt wurden. Die Gemeinde Jesu Christi sollte eine Gruppe von erlösten Menschen sein, die sich auf dem Boden der biblischen Lehre zusammengefunden haben. Sie sollten dann auch eine substantielle »soziologische Heilung« zeigen, sollten demonstrieren, daß die infolge der Sünde entstandene Zwietracht unter den Menschen überwunden werden kann.

Der Christ erkennt die heutigen soziologischen Probleme, ganz gleich, in welcher Form sie sich äußern, als Ergebnis der Spaltung, die durch die Sünde zwischen den Menschen entstanden ist. Die Welt sollte also in der Gemeinde Anzeichen dafür sehen können, daß eine substantielle soziologische Heilung schon heute möglich ist. Wir dürfen niemals das Zeugnis vergangener Generationen als für unsere eigene Zeit ausreichend betrachten. Wohl können wir auf die Leistungen unserer Vorfahren hinweisen, die Menschen haben jedoch ein Recht zu sagen: »Heute ist unsere Zeit, unsere Geschichte findet jetzt statt, was habt ihr heute vorzuweisen?« Es genügt nicht, wenn die Kirche mit dem Staat zusammenarbeitet, um soziale Mißstände zu beseitigen – so wichtig dies auch oft sein kann. Wenn aber die Welt eine Gruppe des Volkes Gottes sieht, die schon heute eine substantielle Heilung der zwischenmenschlichen Beziehungen aufweist, dann wird sie aufmerksam. Jede Gruppe von Christen ist gewissermaßen eine Musteranlage, die beweisen soll, daß in der heutigen Zeit bestimmte Ziele erreicht werden können, wenn wir nur vom richtigen Ausgangspunkt ausgehen.

In der Urgemeinde war die Lebensgemeinschaft sehr stark ausgeprägt; sie war nicht vollkommen, aber folgenreich. Nach der Überlieferung war eine der Ursachen für die Erschütterung des Römischen Reichs, daß die Nichtchristen angesichts des Lebens innerhalb der Gemeinde – die einen Querschnitt des breiten soziologischen Spektrums im Römischen Reich, von den Sklaven bis zu ihren Herren und bis hin zu Mitgliedern des Kaiserhofs umschloß – bekennen mußten: »Seht, wie sie einander lieben.« Diese Liebe war kein verschwommenes Gefühl, sondern sie erwies sich praktisch und sichtbar im Rahmen der Wahrheit.

Christlicher Realismus

Um das zu erreichen, brauchen wir jeden Augenblick die Hilfe des Sohnes Gottes, denn aus eigener Kraft schaffen wir es nicht. Wir müssen ihn seine Frucht in uns wirken lassen. Wir können in unserer alten Natur Orthodoxie verkünden, und wir können in unserer alten Natur faule Kompromisse schließen. Unser Auftrag lautet jedoch ganz anders: Wir sollen mit Gottes Hilfe in unserer Generation Gott und sein Wesen sichtbar machen. An uns soll sich zeigen, daß er ein persönlicher, heiliger und liebender Gott ist. Unserer alten Natur nach können wir entweder rechtgläubig und tot oder liebevoll und kompromißbereit sein. Eines aber können wir in unserer alten Natur nicht – wir können nicht gleichzeitig Gottes Gerechtigkeit und Liebe in unserem Leben sichtbar machen: das ist nur durch das Wirken des Heiligen Geistes möglich. Alles aber, was weniger darstellt, ist nicht Abbild Gottes, sondern eine Karikatur des Gottes, der existiert.

Wir können das Wesen Gottes nur existentiell demonstrieren. In diesem Punkt haben die Existentialisten recht, wenn auch ihre Behauptung, die Geschichte verlaufe ziellos, falsch ist. Für unser Leben ist immer der gegenwärtige Augenblick wichtig. Es kommt darauf an, daß wir individuell und dann auch korporativ im jeweiligen existentiellen Augenblick das richtige Verhältnis zu Jesus Christus haben. Wenn andere uns als einzelne oder als Gemeinschaft beobachten, zählt nur, ob wir *jetzt* Gott und sein Wesen demonstrieren. Das christliche Zeugnis ist nicht statisch, sondern lebendig.

Christus sagt: »Seid deshalb vollkommen, wie euer Vater im Himmel vollkommen ist.«[2] Wie könnte auch ein vollkommener Gott sagen: Sündigt ruhig ein bißchen! Nein, unsere Norm ist

Gottes Vollkommenheit. Und doch überläßt uns das Wort Gottes nicht dem romantischen Wahn, wir müßten entweder in diesem Leben Vollkommenheit erreichen oder alles zerschlagen und aufgeben. Ich bin überzeugt, daß viel Wertvolles zerstört worden ist, weil Menschen eine vorgefaßte, romantische Vorstellung von Vollkommenheit hatten, sich mit nichts weniger zufrieden geben wollten und deshalb ihre Fähigkeiten brachliegen ließen.

Wie dankbar können wir dem Apostel Johannes für seine Worte sein: »Meine lieben Kinder, dies schreibe ich euch, auf daß ihr nicht sündigt; und wenn jemand sündigt, so haben wir einen Sachwalter beim Vater.«[3] »Wir« – Johannes, der geliebte Apostel, stellt sich auf eine Stufe mit uns! Einerseits müssen wir jedes andere Maß als das der Vollkommenheit ablehnen. Wir haben keine willkürlichen Normen, sondern die, die der heilige Gott in der Bibel aufgestellt hat, und diese müssen wir völlig ernst nehmen. Nur die Gesamtheit dieser Normen darf unser Maß sein. Sünde darf weder im persönlichen, noch im korporativen Leben bagatellisiert werden. Gesetzlosigkeit in Theorie oder Praxis ist immer falsch und zerstörend.

Anderseits müssen wir uns vor jeglichem romantischen Konzept hüten, wonach Vollkommenheit in diesem Leben erreicht werden könnte. Die Bibel verspricht uns in diesem Leben keine Vollkommenheit, ausgenommen auf dem Gebiet der Rechtfertigung. Sie verheißt uns in diesem Leben weder moralische, noch körperliche Vollkommenheit. Wohl soll unser Leben moralische Siege und moralisches Wachstum aufweisen, aber das ist bei weitem keine Vollkommenheit. »Wir« konnte Johannes sagen. Paulus sprach ebenfalls von seiner Unvollkommenheit.[4] Auch eine körperliche Heilung bedeutet ja nicht, daß der Geheilte von da an ohne jedes körperliche Gebrechen ist. Lazarus hat an dem Tag, an dem er vom Tod auferweckt wurde, vielleicht Kopfschmerzen gehabt, und zweifellos starb er eines Tages wieder. Wenn Menschen wunderbare psychologische Hilfe erfahren, so bedeutet das nicht, daß sie dann völlig heile Persönlichkeiten sind. Das Christentum lehrt, daß wir zwar in diesem Leben zur Vollkommenheit aufgerufen sind, aber dennoch nicht alles zu zerschlagen und zu zerstören brauchen, was sich nicht völlig wiederbeleben läßt – nur weil es nicht so vollkommen ist, wie wir es uns romantisch erträumt haben. Wieviele Ehefrauen – und wieviele Ehemänner – habe ich z. B. kennengelernt, die eine gute Ehe dadurch kaputt gemacht haben, daß sie eine romantische Vorstellung davon hatten, was ihre Ehe auf körperlichem oder seelischem Gebiet sein sollte oder könnte!

Im Mittelpunkt: Die Persönlichkeit

Wir sind immer noch bei der Frage, welche wichtigen Aspekte wir bei den logischen Konsequenzen unserer christlichen Denkvoraussetzungen beachten müssen. Bisher ging es um die beiden Begriffe *korporativ* und *substantiell.* Nun kommen wir zu einem dritten Begriff: dem *Personalen.*

Das christliche System ist so widerspruchslos wie kein zweites weltanschauliches System. Es hat eine wunderbare Eigenschaft, die kein anderes System in diesem Maße aufweisen kann – man kann es von Anfang bis Ende Schritt für Schritt verfolgen. Jeder Teil und jeder Abschnitt des Systems steht in logischem Zusammenhang mit dem Ausgangspunkt. Will man irgendeine Einzelheit richtig verstehen, braucht man nur ihre Beziehung zum Anfangspunkt zu untersuchen, dann ergibt sich ein sinnvolles Bild. Und dieser Ausganspunkt ist: Gott existiert als der persönlich-unendliche Gott. Unsere Generation sucht verzweifelt nach einem realen Fundament für Personalität, ohne eines zu finden. Das Christentum aber sagt: Es gibt wirkliche Personalität, die nicht irgendwann und irgendwie einmal im Universum aufgetaucht ist, sondern in dem persönlichen Gott verwurzelt ist, der immer schon da war.

Wenn wir zu der verlorenen Welt sprechen, beginnen wir allzu oft nicht an diesem Anfang, und deshalb hat die Welt abgeschaltet. Gehen wir nicht von der Wirklichkeit der Personalität aus, können wir gar nicht erwarten, daß uns die Menschen wirklich zuhören, denn ohne diesen Ausgangspunkt hängt die ganze biblische Erlösungslehre in der Luft. Wer diese Grundlage begreift, der versteht auch den Sinn des Lebens. Dieser besteht nicht in der Rechtfertigung, sondern in der Wiederherstellung unserer persönlichen Beziehung zu einem persönlichen Gott, die wir erlangen, wenn wir Christus als unseren Erlöser annehmen. Hinter jeder Einzelheit der christlichen Lehre entdecken wir das Wunder der Persönlichkeit – ein totaler Gegensatz zum Dilemma des modernen Menschen, dem Personalität sinnlos erscheint. Nehmen Sie nur die Worte des Apostels Paulus: »Die Gnade des Herrn Jesus Christus und die Liebe Gottes und die Gemeinschaft des Heiligen Geistes sei mit euch allen.«[5] Hier treffen wir auf das Personale. Uns wird eine persönliche Beziehung zu Gott selbst verheißen – eine wunderbare Realität, und zwar nicht erst im Himmel, sondern substantiell schon hier auf Erden. Dieses neue Leben ist Wirklichkeit, ist etwas Herrliches – und Aufregendes! Sollte ein Christ, der die Bibel ernst nimmt, nicht begeistert sein? Schon die Antworten auf unsere intellektuellen Fragen sind erregend. Aber wir haben ja noch viel mehr erhalten: ein persönliches Verhältnis zu dem Gott, der wirklich da ist. Wer sich darüber nicht von ganzem Herzen freuen kann, der sollte einmal prüfen, was bei ihm nicht in Ordnung ist. Wir leben in einer Generation, für die im ganzen Universum »niemand zu Hause ist«. Wenn unsere Zeitgenossen ein gemeinsames Merkmal aufweisen, dann dieses. Im Gegensatz dazu weiß ich als Christ, wer ich bin; und ich kenne den persönlichen Gott, der wirklich da ist. Ich spreche, und er hört mich. Ich bin nicht lediglich von Materie oder Energiepartikeln umgeben, nein, er ist da. Und wenn ich Christus als meinen Erlöser angenommen habe, so wird diese persönliche Beziehung zu Gott für mich eine existentielle Wirklichkeit, auch wenn sie in diesem Leben noch nicht vollkommen ist.

2. Kapitel

Gesetz, aber keine Gesetzlichkeit

Die meisten Nichtchristen haben heute keine echten Vorstellungen von Recht und Unrecht, und zwar deshalb, weil für sie im ganzen Universum kein absoluter Bezugspunkt existiert. Ohne einen solchen absoluten Bezugspunkt gibt es aber keine echte Ethik. So ist für sie alles relativ; sie haben keine klar umrissene Gesetzeskonzeption, keine Trennlinie, die Recht von Unrecht scheidet. Der Christ weiß hingegen: Es gibt einen Gott, der ein bestimmtes Wesen hat; es gibt Dinge, die den Geboten widersprechen, die Gott uns als Ausdruck seines Wesens gegeben hat. So besteht z. B. eine klare Ordnung für die sichtbare Kirche. Die sichtbare Kirche sollte eine wahre Kirche sein; nicht vollkommen, aber in der Wahrheit gegründet. Oder: es gibt einen angemessenen Rahmen für sexuelle Beziehungen – die Ehe. Die »neue Moral«, die der neuen Theologie folgt und die christliche Epistemologie, die Bibel und den Gott des Christentums mißachtet, muß ohne einen solchen Rahmen auskommen und weiß folglich nicht, welche Grenzen sie abstecken soll.

Die Orthodoxie ist in den Fehler verfallen, daß sie zwar aufgrund von Gottes Geboten einen solchen Rahmen besitzt, aber allzu oft gehandelt hat, als genüge es, innerhalb dieser Grenzen zu sein. Wir sollen dankbar sein für diesen Rahmen – für den wirklichen Bezugspunkt, den wir kennen und nach dem wir unser Verhalten ausrichten können –, denn sonst wären wir gezwungen, die Folgen unseres Tuns bis ins Unendliche hinaus selbst zu durchdenken, obwohl wir doch als endliche Wesen die Auswirkungen unseres Handelns nicht mehr als ein oder zwei Schritte im voraus abschätzen können. Wir müßten »Miniaturgott« spielen, und das ist ungeheuer schwierig. Anderseits dürfen wir aber nicht meinen, wir brauchten nur im abgesteckten Rahmen zu bleiben, alles andere erledige sich dann von selbst. Ehe, Kirche, zwischenmenschliche Beziehungen – das alles ist doch nichts Statisches, für das nur die formale Ordnung wichtig ist!

Viele Christen, die eine völlig orthodoxe Lehre vertreten, betrachten auch ihre Rechtfertigung als das Nonplusultra – zumindest bis zu ihrem Tod. Aber das stimmt nicht. Natürlich, ohne Geburt kein Leben; aber Eltern freuen sich doch nicht nur über die Geburt ihres Kindes, sie sind dankbar für das lebende Kind, das unter ihrer Fürsorge heranwächst. Oder wer hat schon einmal ein junges Paar gesehen, das sich nur deshalb verlobt, weil die Trauungszeremonie so schön ist? Ihr eigentliches Ziel ist doch das gemeinsame Leben! So verhält es sich auch mit dem Christ-Werden. In einer Hinsicht ist die Wiedergeburt alles; von anderer Warte her betrachtet ist sie nur ein kleiner Anfang. Sie ist alles, weil sie der notwendige erste Schritt ist; sie ist wenig im Vergleich zu der lebendigen existentiellen Beziehung. Der von Gott gesteckte Rahmen der Rechtfertigung bildet keine statische Grenze; er ermöglicht mir eine lebendige persönliche Kommunikation mit dem Gott, der existiert.

Ehe, Kirche und andere menschliche Beziehungen haben eines gemeinsam: sie müssen zwar auf dem Boden der Gebote Gottes stehen, wenn sie aber statisch sind, werden sie zu verstaubten Monumenten, die nicht mehr schön sind. Sie werden zum Blumenstrauß, der unter einer Glasglocke erstickt. Sie können nur dann schön sein, wenn wir innerhalb des gegebenen Rahmens eine persönliche Beziehung pflegen, die etwas von dem persönlichen Gott widerspiegelt. Das ist unser Auftrag – nicht nur als substantielle Wirklichkeit, die wir vor der Welt ausleben, sondern auch als Quelle der Freude für den Christen selbst. Ich bin berufen, Gott von ganzem Herzen, von ganzer Seele und von ganzem Gemüt zu lieben und meinen Nächsten wie mich selbst – jeden Menschen innerhalb der von Gott gegebenen Ordnung und im rechten Verhältnis.

Wenn wir behaupten, daß Persönlichkeit nicht zufällig in das Universum eingedrungen ist, sondern in dessen Mittelpunkt steht, dann hat die Welt das Recht, im individuellen und korporativen Leben der Christen die Macht des Persönlichen zu sehen. Unsere Mitmenschen müssen merken, daß wir Persönlichkeit ganz ernst nehmen und mit Gottes Hilfe auch dementsprechend handeln.

Das müssen wir inmitten des täglichen Lebens und in dieser anormalen Welt sichtbar zeigen, sonst verleugnen wir die zentrale christliche Denkvoraussetzung.

»Menschliche Menschen« in unserer Kultur

Wenn wir »das ist eben menschlich« sagen, meinen wir damit gewöhnlich etwas Sündiges, ein Versagen. In diesem Sinne sollte der Christ sich bemühen, nicht »menschlich« zu sein; aber im tieferen Sinn des Wortes ist der Christ berufen, die Wesenszüge des wahren Menschseins vorzuweisen, denn »Mensch sein« bedeutet zunächst einmal nicht »sündig sein«, sondern »im Bilde Gottes geschaffen sein«. Und insofern sollten die Christen in ihren zwischenmenschlichen Beziehungen die *menschlichsten* Menschen sein, die es gibt. Denn dadurch bezeugen sie Gott in einem Zeitalter der Unmenschlichkeit, des Unpersönlichen, der gesichtslosen Masse. Wenn andere uns beobachten, sollten sie urteilen können: »Das sind menschliche Menschen«; menschlich, weil wir uns des Unterschiedes zum Tier, zur Pflanze und zur Maschine bewußt sind und wissen, daß die Persönlichkeit der Ursprung alles Seins ist.

Unsere Mitmenschen müssen von uns sagen können: »Das sind wirkliche Menschen«; alles andere ist zu wenig. Wenn junge Menschen zum Glauben kommen und dann in der Gemeinde nach wahren Menschen suchen, finden sie in evangelikalen Kreisen allzu oft nur Zinnsoldaten.

Wenn »Menschlichkeit« nicht gepredigt, nicht im persönlichen Gespräch erörtert, nicht in christlichen Seminaren gelehrt wird, können wir nicht erwarten, daß Christen danach leben. Das war schon immer wichtig, besonders aber in unserer Generation, die die Persönlichkeit mehr und mehr untergräbt. Wenn wir als Gottes Kinder seine Persönlichkeit nicht in unserem Leben beweisen, dann verleugnen wir praktisch seine Existenz und betrüben ihn. Christen sollten auf andere anziehend wirken, weil bei ihnen die persönlichen Beziehungen im Mittelpunkt stehen. Heute, da viele den Menschen und Gott für tot halten, entspräche das den Lobgesängen des Alten Testaments, die aus Freude darüber gesungen wurden, daß Gott ein lebendiger Gott ist und nicht ein lebloser Götze.

Persönlichkeit und Kultur

Meines Erachtens kann man ein Kunstwerk (ich meine hier Kunst im weitesten Sinne) von drei Ansatzpunkten verstehen und beurteilen. Das erste Kriterium ist die *technische Reife*. Das zweite Kriterium ist die *Integrität*. Damit meine ich die Ehrlichkeit, mit der ein Kunstwerk das ausdrückt, was der Künstler wirklich denkt. Salvador Dali kann aufgrund seiner Weltanschauung nicht die Ausdrucksmittel Rembrandts benutzen – damit verlöre er seine Integrität. Wenn ich ein Kunstwerk mit einer nichtchristlichen Aussage betrachte, brauche ich es also nicht von der Wand zu reißen, auf dem Boden zu zerschmettern und zu behaupten, das sei keine Kunst – damit würde ich die Persönlichkeit seines Schöpfers mit Füßen treten. Auf der Ebene der technischen Reife und der künstlerischen Integrität, kann ich dem Menschen als Mensch offen begegnen, kann mich aufgrund der Bedeutung der Persönlichkeit mit ihm beschäftigen.

Das dritte Kriterium zur Beurteilung eines Kunstwerks ist seine *Aussage*. Ich bin nicht zu der schrecklichen Alternative gezwungen, entweder das Kunstwerk für wertlos zu erklären und folglich die Persönlichkeit des Autors zu mißachten – oder die Aussage des Werkes auf der trügerischen Grundlage der Synthese zu beurteilen. Ich kann festhalten, daß die Aussage falsch und destruktiv ist und die Menschen in die Verzweiflung treibt. Und doch kann ich mich gleichzeitig um Verständnis für den Schöpfer des Werks bemühen und auf seine technische Leistung und Integrität aufmerksam machen. Ich kann ihn als Person bedauern, weil er selbst die Hoffnung aufgegeben hat und andern die Hoffnung raubt; ich kann seiner Botschaft leidenschaftlich widersprechen. Deshalb brauche ich ihn als Persönlichkeit aber nicht in den Staub zu treten, als wäre er weniger als ein im Bilde Gottes geschaffener Mensch. Es ist durchaus möglich, seine Aussage auf der Grundlage der Wahrheit und der absoluten moralischen Maßstäbe zu verwerfen, ohne damit abzustreiten, daß er als Mensch auf künstlerischem, technischem oder einem anderen Gebiet etwas geleistet hat. Als Künstler mag seine technische Leistung hervorragend, ja genial, seine Integrität bewundernswert sein. Ich kann mich aufrichtig mit ihm als Persönlichkeit beschäftigen, auch wenn ich das Buch oder Gemälde als destruktiv und todbringend verurteilen muß.

Der christliche Glaube berührt alle Lebensbereiche; Christus ist Herr des ganzen Lebens eines Gläubigen. So sollten Kultur und Bildung niemals als neutral oder als außerhalb der Zuständigkeit eines Christen gelegen betrachtet werden. Christen müssen ganze Menschen sein, und wenn unsere Seminare und Schulen in ihrer Ausbildung aufrichtig sein sollen, müssen wir dort auch die Werke der Kunst und der Wissenschaft berücksichtigen. Wenn wir dabei das eben Gesagte beachten, verhindern wir einerseits, daß unseren Schülern ein innerer Schade zugefügt wird, anderseits können sie uns nicht enttäuscht vorwerfen, wir seien den Menschen als Menschen gegenüber unfair.

In unseren Familien, Schulen, Gemeinden und Missionen stehen wir nicht vor der Alternative: Hier Heterodoxie, Senken der Maßstäbe, abgleiten zur Synthese – dort Leblosigkeit, weder Ernstnehmen der Persönlichkeit, noch Sinn für Freude und Schönheit. Wie könnten wir zu einer solchen Wahl gezwungen sein, wo doch keine dieser beiden Möglichkeiten dem eigentlichen Wesen des Menschen oder Gottes entspricht? Die Aussage eines Künstlers oder Lehrers muß auf dem Grund der Wahrheit und der absoluten Maßstäbe der Bibel beurteilt werden, und der Christ und die christlichen Institutionen müssen klarmachen, daß auch der Künstler ein Geschöpf ist und deshalb dem Gesetz Gottes untersteht.

Aber mag er noch so sehr gegen Gott rebellieren, so bleibt er immer noch ein Mensch, und deshalb dürfen wir ihn unter keinen Umständen als etwas Geringeres behandeln. Wenn christliche Erziehung in Familie, Gemeinde oder Schule sinnvoll sein soll (oder einfach der jeweiligen Generation nützen soll), muß sie stets *bewußt* folgende beiden Ziele anstreben: Die Wahrheit, die zwar nicht erschöpfend, aber logisch wahr ist (im Gegensatz zu einer dialektischen Methodologie und Synthese), und gleichzeitig die Demonstration echter Personalität.

An einem christlichen College in Amerika hielt ich eine Vortragsserie. Am letzten Tag überreichte mir der Vorsitzende des Studentenausschusses folgenden Brief:

Lieber Herr Dr. Schaeffer!
In dieser Woche haben Sie mir sehr geholfen, einige der Gründe zu entdecken, warum ich mich gegen die evangelikale Form der Orthodoxie und im gewissen Maße auch gegen Gott auflehne. Dafür kann ich Ihnen nicht genug danken. Auch danke ich Gott, daß er mir geholfen hat, mich selbst etwas besser zu erkennen. Nun stehe ich natürlich vor der schwierigen Aufgabe, diese Erkenntnisse in meinem Leben zu verwirklichen, und ich hoffe, ich werde es schaffen. Daneben beschäftigt mich die Frage, welche Wirkung Ihre Botschaft auf die übrigen Studenten und auf das ganze evangelikale Lager ausüben mag. Sie haben erklärt, das Christentum beinhalte sowohl ein System – ein Lehrgebäude –, als auch ein persönliches Verhältnis zu Christus. Deshalb gäbe es bestimmte absolute Maßstäbe, auf die wir uns als Christen verlassen könnten und die wir auch von anderen fordern müßten, die wahre Christen sein wollen. Darin stimme ich Ihnen

zu, obwohl ich nicht alle absoluten Maßstäbe, die Sie genannt haben, als unabdingbar zum christlichen »System« gehörend betrachte. Was mich aber beunruhigt, ist, daß es hier in ... und überhaupt im evangelikalen Raum viele gibt, die dank ihrer Überzeugung, wahre Wahrheit zu besitzen, uns, denen das »Schutzdach« weggenommen worden ist, ihre pietistisch-evangelikalen, kleinbürgerlichen Normen aufzwingen wollen. Infolgedessen stehen die Studenten oft vor der Wahl, sich entweder sämtlichen evangelikalen Normen – ob sie nun aus dem Viktorianismus stammen oder aus dem frühen 20. Jahrhundert – zu unterwerfen, oder alle Hoffnung aufzugeben. Glauben Sie mir, Herr Dr. Schaeffer, hier in ... befinden sich viele in dieser Lage. Und gerade dadurch sind viele zur Neo-Orthodoxie und zum Skeptizismus getrieben worden.

Damit komme ich zu meinem letzten Anliegen: Nachdem es Ihnen gelungen ist, bei manchen Studenten »das Schutzdach zu entfernen« und Sie den Evangelikalen die Anwendung dieses Verfahrens empfohlen haben, sagen Sie uns doch bitte, wie sich die evangelikalen Kreise von einigen dieser äußerlichen Normen lösen können, die die Orthodoxie (wie wir sie kennen) fast völlig unverdaulich machen. Wie können bibeltreue Christen wirklich das Salz der Erde werden, wenn viele ihrer Normen es ihnen verbieten, auch nur Kontakt mit der Welt aufzunehmen? Wie kann man das evangelikale Haus entrümpeln, wie zum wirklich orthodoxen Haus machen, damit wir den Menschen des zwanzigsten Jahrhunderts etwas zu sagen haben?

Mit freundlichen Grüßen
(. . .)
Vorsitzender des Studentenausschusses

Ich gehe mit diesem Studenten nicht in allen Einzelheiten einig, stimmte ihm allerdings zu, daß es eine Menge Gerümpel zu entfernen gibt. Aber denken wir daran: Um zu entrümpeln, brauchen wir nicht gleich das ganze Haus niederzubrennen![1]

Anhang

Demonstration der Wahrheit

Eine der wichtigsten Lehren, die wir aus dem Gesagten ziehen müssen, lautet: *Die lehrmäßige Position des historischen Christentums muß unmißverständlich aufrechterhalten werden.* Das zentrale Problem der evangelikalen Orthodoxie der zweiten Hälfte des zwanzigsten Jahrhunderts scheint mir die *Verwirklichung* dieses Prinzips zu sein, ganz besonders wenn wir die in unserem Jahrhundert vorherrschende geistliche und intellektuelle Mentalität mit in Betracht ziehen. Jegliche Untersuchung von Methoden und Programmen ist sekundär im Vergleich zur Beschäftigung mit diesem zentralen Problem.

Wenn der Schwerpunkt nicht mehr klar und unverkennbar im Sinne der Antithese auf der Wahrheit liegt, tritt folgendes ein: Erstens, das Christentum wird in der nächsten Generation in seiner Position als wahres Christentum geschwächt; und zweitens werden wir Kommunikation nur noch mit dem ständig kleiner werdenden Teil der Bevölkerung haben, der im alten Konzept der Wahrheit denkt. Wir wollen das Werk des Heiligen Geistes nicht herabmindern, müssen jedoch auf unsere Verantwortung hinweisen, das Evangelium so mitzuteilen, daß der Hörer es auch versteht. Wenn unsere Verkündigung sich nicht klar auf die Antithese gründet, werden viele das Evangelium nur im Rahmen ihrer eigenen Interpretation verstehen und dazu in ihrer eigenen relativistischen Denkweise Stellung nehmen, unter anderem auch aufgrund einer Vorstellung von psychologischen Schuldgefühlen an der Stelle von wahrer moralischer Schuld vor dem heiligen, lebendigen Gott. Wenn sie in dieser Weise reagieren, haben sie das Evangelium nicht verstanden; sie sind immer noch verloren, und wir haben die Aufgabe versäumt, unserer Generation das Evangelium zu verkünden.

Das verbindende Element aller evangelikalen Christen sollte diese Betonung der *Wahrheit* sein. Das war schon immer wichtig, ist aber gerade heute von doppelter Bedeutung, wenn um uns herum ein Konsensus besteht, der eine Wahrheitsauffassung im Sinne der Antithese für völlig undenkbar hält.

In einer solchen Situation stößt die Kommunikation auf große Hindernisse; diese können nur durch negative Feststellungen überwunden werden (indem wir klar sagen, was wir *nicht* meinen), so daß der Mensch des zwanzigsten Jahrhunderts aus unseren positiven Aussagen erkennt, was wir *tatsächlich* meinen.

Darüber hinaus werden im Zeitalter der Synthese die Menschen unsere Argumentation für die Wahrheit nicht ernst nehmen, es sei denn, sie sehen an unseren Handlungen, daß wir ernsthaft Wahrheit und Antithese *praktizieren*, dies auch in der Art und Weise, wie wir Einheit zu schaffen versuchen, sowie in unseren Veranstaltungen. Ohne dies können wir in einer Zeit des Relativismus nicht erwarten, daß die evangelikale orthodoxe Kirche der sie umgebenden Kultur oder auch nur ihrer eigenen Jugend viel bedeutet. Denn was wir in Lehre und Evangelisation zu sagen versuchen, wird in der Denkweise des zwanzigsten Jahrhunderts, das heißt der Synthese, verstanden werden. Wenn unser Zeugnis und unsere Evangelisation in unserer Generation und dem Fluß der Geschichte Bedeutung erlangen sollen, sind sowohl ein klares Verständnis als auch ein kompromißloses Ausleben der Wahrheit eine zwingende Notwendigkeit, auch wenn dies mit Opfern verbunden ist.

Es erscheint mir, daß manche Evangelikale jeglichen ernsten Versuch der Erhaltung von Wahrheit und Antithese aufgegeben haben. Dadurch entsteht eine Tendenz, die von der Aufweichung der wahrheitsgemäßen Lehre in den Gemeinden zu einer ebenso unklaren Zusammenarbeit mit anderen Gruppen führt. In der Praxis zumindest, wenn nicht auch in der Theorie wird schließlich die Bedeutung der Wahrheit in der Lehre überhaupt verleugnet.

Viele Gläubige, die richtigerweise über das von der modernen Theologie gelehrte Schriftverständnis und den Universalismus besorgt sind und die ihr an diesen Punkten entgegentreten wollen, greifen nie weit genug zurück, um einen klaren Maßstab für Wahrheit und Irrtum aufzustellen, an dem sich die nächste Generation orientieren könnte. Unvermeidlich wird die nächste Generation sich noch weiter in der schon eingeschlagenen Richtung bewegen, und wenn wir schon zur Synthese tendieren, werden sie sich noch näher zur modernen Theologie hin bewegen. Um dies zu vermeiden, müssen wir daher sorgfältig erwägen, was Wahrheit und Antithese *in der Praxis* des kirchlichen Lebens und der Evangelisation bedeuten.

So muß gesagt werden, daß es trotz (und wegen) unserer Bereitschaft zur Evangelisation und zur Zusammenarbeit mit anderen Christen Anlässe gibt, bei denen die einzige Möglichkeit zu zeigen, was auf dem Spiel steht, in der Verweigerung der Mitarbeit bei einem Gottesdienst oder einer Evangelisationsveranstaltung besteht, wenn Leute, die von ihrer *Lehre* her als Feind bekannt sind, offiziell zur Mitarbeit eingeladen sind. In einer Zeit des Relativismus ist die *Demonstration* der Wahrheit (selbst wenn es Opfer verlangt) der einzige Weg, die Welt dazu zu bringen, unser Bekenntnis der Wahrheit ernst zu nehmen. Zusammenarbeit und Einheit, die nicht zur Reinheit im Leben und in der Lehre führen, sind genauso falsch und unzulänglich wie eine Rechtgläubigkeit, die uns nicht dazu führt, Verlorene zu suchen und zu betreuen.

Es gibt eine entgegengesetzte Gefahr, die vermieden werden muß. Einige von denen, die um die Wahrheit gerungen haben, haben ihre eigene Position unterminiert, und dies nicht nur, weil sie auf Schönheit und Liebe verzichteten, sondern auch im Reden über andere Menschen praktisch die Wahrheit verloren haben.

Allzuoft war unsere einzige Antithese gegenüber der Welt und unseren eigenen Kindern unser *Reden* über Heiligkeit oder unser *Reden* über Liebe, anstatt Heiligkeit und Liebe zu lehren *und* zu praktizieren als Wahrheit in Antithese zu dem, was in der Theologie, in der Kirche und der umgebenden Kultur falsch ist.

Anmerkungen

ERSTER TEIL

1. Kapitel

[1] Mit der klassischen und voraussetzungsbewußten Apologetik beschäftigen wir uns ausführlich in Teil IV, Kap. 2, S. 140 ff.
[2] Allen and Unwin, London 1961.
[3] Jak 1, 27.

2. Kapitel

[1] Ausführlicher habe ich die Entwicklung von Thomas von Aquin über die Renaissance bis zum Beginn der modernen Wissenschaft (einschließlich der Position Kants) dargestellt in *Preisgabe der Vernunft* (Genf/Wuppertal 1970).
[2] *The Humanist Frame*, hrsg. v. Sir Julian Huxley, S. 46.
[3] ebd. S. 409.
[4] University Books, New York 1964.

3. Kapitel

[1] Vgl. S. 64 f.
[2] Diese Übersetzung hat H. R. Rookmaker vorgeschlagen in *Synthetist Art Theories*, Amsterdam 1959, S. 23 u. Anm. W. zu Kap. IX.
[3] Brief vom Februar 1898.
[4] Rookmaker, aaO, Anm. n, p, aa, af zu Kap. IX.
[5] *FÜR THEO van Doesburg*, DE STIJL, Januar 1932.

4. Kapitel

[1] Vgl. Abschnitt über die Beatles, S. 44 f.
[2] Ducretet-Thomson, Paris, Nr. 320 c. 100.
[3] Ausgew. Gedichte. Engl.-deutsch. Übertragen v. Erich Fried, München 1967.
[4] S.M.O. Records, 81.045.
[5] E.M.I. Records, R5570.
[6] E.M.I. Records, P.M.C. 7027.

5. Kapitel

[1] Frederick A. Praeger, New York 1964.
Kosmos, Die Zukunft des Menschen u. a. Bücher.
[2] Léopold Sédar Senghor, *Selected Poems*, Oxford 1964. Deutsche Übersetzungen: Tam-Tam schwarz (1955), Botschaft und Anruf (1962).
[3] Französischer jesuitischer Paleontologe, Autor von *Der Mensch im*
[4] Sir Julian Huxley schrieb 1958 die Einleitung zur englischen Ausgabe von *The Phenomenon of Man*. Darin stimmt er sowohl der Methodologie als auch den allgemeinen Schlußfolgerungen Teilhard de Chardins über die evolutionäre Zukunft des Menschen zu. 1961 entwickelt er seine Zustimmung zu diesen Schlußfolgerungen weiter, wenn er in seiner Einleitung zu *The Humanist Frame* über die Rolle

der Religion spricht. Wie Senghor Teilhard de Chardins Prinzipien auf den Staat Senegal überträgt, so versucht Huxley es auf globaler Ebene.

5 Vgl. 1 Kor 15, 13. 14. 32.

ZWEITER TEIL

2. Kapitel

1 Ich bin zu der Überzeugung gelangt, daß es ein kollektives kulturelles Bewußtsein oder eine kollektive Erinnerung gibt, deren Träger die Sprache ist. Dabei können wir meines Erachtens unterscheiden zwischen der kollektiven Erinnerung einer Rasse und der kollektiven Erinnerung der gesamten Menschheit, wozu die Erinnerung daran gehört, was der Mensch und was die Realität wirklich ist.

So »erinnert« sich der Mensch in seiner *Sprache* daran, daß es einen Gott gibt (was immer er auch persönlich glauben mag). Wenn z. B. ein Atheist flucht, so flucht er bei Gott und bei nichts weniger; und atheistische Künstler benutzen oft »Gott«-Symbole. Diese Erklärung ist m. E. besser und gleichzeitig einfacher als Jungs Theorie, nach der Gott der höchste Archetypus ist, der (seiner Meinung nach) bei der Evolution der Rasse entstanden ist. Außerdem erinnert sich der Mensch in seiner Sprache daran, daß er selbst ein einzigartiges Wesen ist (»im Bilde Gottes geschaffen«), und so erwecken Worte wie Sinn, Liebe, Ethik Assoziationen an ihre wahre Bedeutung. Das gilt auch dann, wenn der einzelne eine völlig andere Weltanschauung hat und die Definition völlig anders geworden ist.

Manchmal sind die Assoziationen eines Wortes ursprünglicher und »unbewußter« als seine definierte Bedeutung. Der Gebrauch solcher Wörter löst Reaktionen aus, die mehr dem entsprechen, was die jeweilige Sprachgruppe mit diesen Wörtern gemeint und wie sie daraufhin gehandelt hat, als dem, was wirklich da ist und was der Mensch ist. Ich meine ferner, daß, nachdem die Weltanschauung und die Erfahrungen einer Rasse die Definitionen und Konnotationen der Wörter der jeweiligen Sprache geprägt haben, diese Sprache dann als Zeichensystem zum Vehikel wird, mit dem diese Weltanschauung und Erfahrung tradiert wird.

Die Frage des kollektiven Bewußtseins scheint mir also in erster Linie von der Sprache abzuhängen, denn Denken und Kommunikation bedienten sich stets der Sprache. Wenn das stimmt, dann ist die Sprachenverwirrung beim Turmbau zu Babel ein ungeheuer wichtiger Moment der Geschichte.

2 *Leonardo da Vinci*, New York 1956, S. 174.

3 Ich lasse an dieser Stelle bewußt die wichtige Änderung der Formulierung zur Zeit Kants (1724–1804) und Rousseaus (1712–1778) aus. Vgl. dazu *Preisgabe der Vernunft*.

4 Vgl. die Reaktion der Beröer auf Paulus' Predigt Apg 17, 11–12.

3. Kapitel

1 Sylvia Sprigge, *Berenson*, Eine Biographie. (Houghton Mifflin) 1960.

2 Vgl. 1 Kor 15, 6.
3 1920 veröffentlicht.
4 Dasselbe finden wir in bezug auf die beiden Frauen, die Picasso heiratete. 1917/18 malte er Olga sehr »menschlich«, am 5. Oktober 1954 vollendete er wunderbares Bild von Jacqueline. Auch Jacqueline hat dieses Bild in ihrem Wohnzimmer hängen. Diese drei Gemälde sprechen nicht nur von der Liebe der Künstler zu ihren Frauen, vor allen Dingen bekommt die Frau einen Sinn als menschliches Wesen.
5 Seither hat Dali viele Gemälde geschaffen, in deren Mittelpunkt eine mariaähnliche Figur steht. In The Gallery of Modern Art in New York hängt ein Bild, auf der diese Figur gleich mehrmals erscheint. Bei näherem Hinsehen entdeckt man jedoch, daß sie alle Dalis Frau darstellen.
6 Pfullingen, 6. Aufl. 1966.

4. Kapitel

1 Columbia KL 6005 oder KS 6005.
2 Ausg. vom 28. Nov. 1964.

5. Kapitel

1 Man hat oft gesagt, Karl Barth habe seine Ansichten revidiert. Warum hat er dann aber nicht einfach ein weiteres Buch geschrieben und seinen Gesinnungswandel öffentlich bekundet? Nur so wäre er meiner Meinung nach seiner Verantwortung vor Gott und den Menschen gerecht geworden.
2 Hervorhebungen von mir.

DRITTER TEIL

1. Kapitel

1 Vgl. Joh 17, 24.
2 *Die Wildente.*

2. Kapitel

1 Constable and Co. Ltd., London, S. 90–91.
2 2 Mo 24, 12.
3 Apg 26, 14.
4 Joh 17, 24.

3. Kapitel

1 Zu *Die Pest* s. ferner S. 119 f.
2 Joh 5, 24; Kol 1, 13.
3 1 Mo 2, 17.
4 Es ist aufschlußreich, daß der neue Heidegger versuchte, einen historischen »Fall« in sein neues System einzubauen. Er behauptet, es habe (vor dem Fall) ein Goldenes Zeitalter gegeben, und zwar zur Zeit der präsokratischen Griechen; Aristoteles und seine Nachfolger seien dann gefallen. Ihr Fall bestand im Beginn des rationalen Denkens. Der Mensch ist also nach Heidegger heute anormal. Für ein solches Goldenes Zeitalter gibt es keine historischen Indizien, aber das Postulat deutet an, daß die gängige rationalistische Antwort auf das Dilemma des Menschen – der Mensch sei schon immer so gewesen – unzureichend ist. In Heideggers Theorie nimmt Aristoteles Adams Stelle ein,

und mir scheint, daß sich Heidegger selbst als Erlöser sieht. Nun hat aber dieses Verständnis von Fall und Erlösung nichts mit Ethik zu tun. Der Mensch ist nicht etwa moralisch anormal; in Heideggers neuem System handelt es sich vielmehr um eine epistemologische und methodologische Anormalität. Aristoteles handelte nicht moralisch falsch, sondern er führte lediglich die falsche Methodologie der Antithese und Rationalität ein. Heidegger kann zwar keine Antwort auf das Dilemma des Menschen geben, aber an ihm wird zumindest deutlich, daß die Philosophie keine Antwort geben kann, wenn sie Mensch und Geschichte im augenblicklichen Zustand als normal betrachtet. Ich habe den Eindruck, daß Heidegger die christliche Antwort möchte, ohne sich aber vor Gott beugen zu wollen – weder moralisch, noch in Form der Anerkennung, daß wir auf Erkenntnis von Gott angewiesen sind.

4. Kapitel

[1] Vgl. S. 112 f.

5. Kapitel

[1] Rö 1, 18–20.
[2] 1 Joh 4, 1–3.

VIERTER TEIL

1. Kapitel

[1] Apg 17, 26.
[2] Ps 139, 8.
[3] Rö 1, 32–2, 3.

2. Kapitel

[1] Vgl. S. 10 f.

3. Kapitel

[1] Hebr 11, 6.
[2] Apg 16, 30–32.
[3] Neunte Station der *Pilgerreise.*

FÜNFTER TEIL

1. Kapitel

[1] Joh 20, 30f.
[2] Lk 1, 1–4.

2. Kapitel

[1] Mk 12, 30; 5 Mo 6, 5.

SECHSTER TEIL

1. Kapitel

[1] Joh 17, 21. Vgl. dazu mein Buch *Das Kennzeichen des Christen* (Genf/Wuppertal) 1971.
[2] Mt 5, 48.
[3] 1 Joh 2, 1.
[4] Rö 7, 22–25.
[5] 2 Kor 13, 14.

2. Kapitel

[1] Vgl. mein Buch *Die Kirche am Ende des 20.Jahrhunderts* (Genf/Wuppertal), voraussichtlich 1972.

FREMDWÖRTERVERZEICHNIS

Anthropologie: Wissenschaft vom Menschen, also Wissenschaft, die sich ausschließlich mit dem Menschen und den zwischenmenschlichen Beziehungen befaßt.

Antiphilosophie: Jene modernen philosophischen Richtungen, die sich nur noch mit Einzelproblemen beschäftigen und den Versuch aufgegeben haben, das ganze Leben und Denken in einen logischen Zusammenhang zu bringen.

Antithese: Gegensatz (z. B. schwarz – weiß; schwarz kann nicht weiß sein).

Apologetik: Die Verteidigung und Verkündigung des christlichen Glaubens.

Assoziation: Vorstellungen und Gefühle, die durch ein Wort hervorgerufen werden und dessen definierte Bedeutung erweitern oder verändern können.

Autonomie: Selbst-Gesetzgebung, Selbstbestimmung.

Determinismus: Lehre, nach der der Mensch durch psychologische, chemische u. a. Faktoren bestimmt ist, wodurch seine Willensfreiheit zur Illusion wird.

Dialektik: Philosophische Arbeitsmethode, die ihre Ausgangsposition (These) durch gegensätzliche Behauptungen (Antithesen) in Frage stellt und in der Verknüpfung (Synthese) beider Positionen eine Erkenntnis höherer Art zu gewinnen sucht. Diese Synthese dient dann als neue These, der eine neue Antithese gegenübergestellt wird, und der Prozeß beginnt von neuem.

Dichotomie: Zweiteilung. Bezieht sich in diesem Buch besonders auf die völlige Trennung von Rationalität und Logik einerseits und Sinnfrage und Glaube anderseits.

Environment: (= Umwelt, Umgebung) hier: Kunstform, in der der gesamte umgebende Raum mitgestaltet wird und so das Unterbewußtsein des Betrachters beeinflußt.

Epistemologie: Erkenntnistheorie. Beschäftigt sich mit dem Wesen, der Grenze und der Gültigkeit menschlicher Erkenntnis.

Evangelikal: Schrift- und bekenntnisgebunden.

Existentialismus: Existenzphilosophie; bekannteste Vertreter: Karl Jaspers, Jean-Paul Sartre, Albert Camus und Martin Heidegger.

Happening: Kunstveranstaltung bzw. Theaterstück, bei denen der Zuschauer in die Handlung miteinbezogen wird und der Verlauf mehr oder weniger zufällig ist.

Humanismus: Philosophisches System, das ausschließlich vom Menschen ausgeht und daher alle Fragen – auch die Sinnfrage – zu lösen sucht.

Kommunikation: Mitteilung.

Konnotation: Hier gleichbedeutend mit → Assoziation.

Konsensus: Allgemeine stillschweigende Übereinstimmung in bestimmten Fragen.

Methodologie: Methode der Wahrheitsfindung und des Erlangens von Erkenntnissen.

Monolithisch: Festgefügt, lückenlos.

Neo-Orthodoxie: Theologische Richtung, die die dialektische Methodologie Hegels und Kierkegaards »Sprung« auf den christlichen Glauben übertragen hat.

Nihilismus: Verneinung objektiver Wahrheit. Da die Welt letztlich absurd ist und die Geschichte plan- und ziellos verläuft, gibt es keine Werte, für die man sich einsetzen kann.

Orthodox: hier: rechtgläubig, schrift- und bekenntnisgebunden.

Rational: Vernünftig, von der Vernunft faßbar und durchschaubar.

Rationalismus: Hier gleichbedeutend mit →Humanismus.

Signifikant: Bedeutsam, entscheidungs- und handlungsfähig und damit auch verantwortlich.

Spiritualität: Geistliches Leben. Geistigkeit.

Substantiell: hier: noch nicht vollkommen, aber doch schon als Wirklichkeit erkennbar.

Surrealist: Jemand, der die hinter der äußeren Wirklichkeit stehende Realität zu erkennen oder darzustellen sucht.

Synthese: hier: Die Verknüpfung zweier Teilwahrheiten zu einer höheren Wahrheit; vgl. Dialektik.

Verbalisieren: Einen Gedanken oder eine Idee in Worte kleiden.

Verifizieren: Mit Hilfe der Vernunft, durch ein Experiment oder anhand geschichtlicher Ereignisse nachprüfen.

INDEX